Cléo,
Minha Eterna Cãopanheira

Larissa Rios

Cléo,
Minha Eterna Cãopanheira

São Paulo-SP

Copyright © 2014 da autora

Todos os direitos desta edição reservados à
Prata Editora (Prata Editora e Distribuidora Ltda.)

Editor-Chefe: Eduardo Infante
Revisão Ortográfica: Bruna Galvão
Capa e Projeto Gráfico: Julio Portellada
Fotos da capa e contracapa: Claudio Kuribayashi
Fotos do miolo: Larissa Rios
Diagramação: Estúdio Kenosis

```
Dados Internacionais de Catalogação na Publicação (CIP)
       (Câmara Brasileira do Livro, SP, Brasil)

        Rios, Larissa
           Cléo, minha eterna cãopanheira / Larissa Rios. --
        1. ed. -- São Paulo : Prata Editora, 2014.


           1. Cléo (Cão) 2. Donos de animais de estimação
        3. Relação homem-animal 4. Rios, Larissa I.
        Título.




14-07780                                      CDD-639.80929
```

Índices para catálogo sistemático:

1. Cléo : Cão : Relações homem-animal
   639.80929

Prata Editora e Distribuidora
www.prataeditora.com.br
sac@prataeditora.com.br
facebook/prata editora

Todos os direitos reservados aos autores, de acordo com a legislação em vigor.
Proibida a reprodução total ou parcial desta obra, por qualquer meio de reprodução
ou cópia, falada, escrita ou eletrônica, inclusive transformação em apostila, textos
comerciais, publicação em websites etc., sem a autorização expressa e por escrito
dos autores. Os infratores estarão sujeitos às penalidades previstas na lei.

Impresso no Brasil/*Printed in Brasil*

Dedico este livro à minha família, que sempre foi a minha base. Aos amigos que sempre estiveram ao meu lado. Ao público que acompanha o meu trabalho. À Prata Editora que acreditou no projeto. A todos os animais. A Deus. E, claro, à fonte de toda a minha inspiração, Cléo.

Sumário

Apresentação	9
Um cachorro muda tudo	11
A escolhida da escolhida	15
O tempo da preparação	21
Uma verdadeira rainha	25
Rumo ao desconhecido	29
Apertando os parafusos	33
Disciplina é preciso, mas sob medida	39
Um cão para fazer amigos	45
As dores e as delícias de ser... Mãe de cachorro	53
Feliz Dia das Mães, Mamys!	65
Um mundo inteiro pela frente	67
Conectadas	73
Fala que eu te escuto	79
Sócia de estimação	81
Sonhando juntas	85
Geniozinho do cão	89
Não vale a pena olhar para trás	97
As simples lições que ela me deu	103
As articulações da vida	107
Dupla de sorte	111

Apresentação

A história que vocês irão ler não é uma história qualquer. É sobre algo inexplicável. É sobre um sentimento que, quando não se sente, não se consegue compreender. É sobre uma relação que nada consegue abalar. É sobre uma ligação de confiança inquebrável. Vamos falar sobre a relação entre os animais de estimação e seus donos.

Vamos refletir melhor sobre as frases que algumas pessoas costumam dizer: "É só um cão"; "É apenas um animal"; "Deixa pra lá, é um bicho!"...

Um animal pode mudar tanta coisa! Um cachorro pode ser extremamente significante no meio de tantos outros significados.

Esta é a história de uma cachorra que entrou na vida de alguém e sem nenhuma pretensão, mudou todos os rumos, influenciou muitas decisões, foi o suporte nos momentos mais críticos: e sempre com um sorriso no olhar. É a história da Cléo. É a minha história com a Cléo. É a nossa história.

Portanto, é uma história escrita a duas mãos e quatro patas.

Espero que gostem.

Larissa Rios

Um cachorro muda tudo

Eu sempre fui louca por animais. Era daquelas crianças que não podia ver um cachorro na rua que já ia ver o que tinha em casa para lhe dar de comer. Se minha mãe bobeasse, lá estava o cachorro (ou gato, outras vezes, passarinho) dentro de casa. E, em minha casa, sempre tivemos animais.

Lembro que cheguei a criar, até mesmo, pintinhos — que, é claro, com o passar dos dias viravam galos e galinhas. Eu tive também muitos pássaros, cágado, coelho... E, claro, cachorros.

Os cães estiveram presentes em toda a minha vida. Me lembro muito bem de todos eles. Primeiro veio a Paquita, uma Vira-Lata preta. Depois o Poodle Bobby, que viveu conosco por 18 anos. E quando o Bobby nos deixou, eu ganhei de presente de uma amiga da faculdade a Lua, uma mistura doce e maluquinha de Cocker Spaniel com Poodle, que hoje, aos 12 anos de idade, é a princesinha da casa dos meus pais.

Com cada um dos cachorros, estabeleci uma relação única e especial. Mas nenhum deles havia sido verdadeiramente meu. Eles pertenciam à família e toda a responsabilidade por eles era dos meus pais. E eu nunca precisava me preocupar com o preço da ração ou a data de vacina, por exemplo.

Ter o seu próprio animal de estimação, seja ele um cachorro, um gato, um passarinho ou peixe (ah, sim, eu também tive peixes e cheguei a ter dois aquários dentro do meu pequeno quarto), é bem diferente de um dividido com toda a família, porque ele é o SEU pet. A começar pelo fato de que aí você percebe (ou deveria perceber) que esse animal é, antes de tudo, um ser vivo, que sente frio, fome, medo... Um ser com capacidade de defesa limitada, que, a partir do momento que você o "escolhe" (digamos assim), passa a depender quase que totalmente de você.

Com a escolha, você assume a responsabilidade de abrigar, acolher, alimentar, cuidar, educar, disciplinar, interagir, exercitar e (principalmente) amar!!!

Pois é, tem gente que escolhe um animal de estimação antes de ter um filho, porque acha que serve como "treino". Tem gente que opta por ter o animal depois de ter um filho, porque acha que já está preparado para cuidar de alguém e aí vai tirar de letra.

Eu nunca pensei seriamente sobre o filho. E ainda não me decidi totalmente sobre o assunto. Mas quanto ao cachorro...

Havia chegado a hora de ter o MEU de verdade. Mas aí, vieram muitas dúvidas: será que eu seria capaz? São tantas as responsabilidades! Será que eu daria conta? Sim, dá bastante trabalho! Será que eu conseguiria me dedicar da forma necessária? Exige tempo e dedicação! Eu assumiria esse longo compromisso? Um cão pode durar 10, 15 até 18 anos, como eu já sabia por experiência com os cães anteriores da família! Eu cumpriria bem o meu papel? É preciso ser um dono responsável!

O fato é que, eu só saberia fazendo, vivendo e assumindo.

Decidi. E a decisão que, por si só, já seria um grande passo à frente, veio num momento de muitas mudanças. De um recomeço. De uma nova fase da minha vida pessoal e profissional.

O momento era simplesmente esse: Eu, recém-chegada, de volta ao Brasil depois de alguns anos morando fora do país, e em busca de novos caminhos na minha carreira.

E agora, além de reestruturar toda a minha vida, buscar uma nova moradia, decidir que rumo tomaria no trabalho, fazer novas amizades, me adaptar à vida e rotina de uma nova cidade, ainda teria um serzinho que demandaria de mim algo que eu ainda não sabia se estaria preparada para oferecer. Eu teria que limpar, dar comida, dar bronca, levar para passear, acompanhar ao veterinário, adestrar, disciplinar... Seria uma baita mudança, no meio das mudanças que já estavam acontecendo na minha vida. Mas, a verdade, é que eu mal sabia que as mudanças ainda estavam por acontecer.

A escolhida da escolhida

A primeira decisão, depois de a decisão principal ser tomada (ter um cão), foi escolher a raça. Fiz muitas pesquisas na internet e em livros especializados, afinal, o meu cão e eu dividiríamos um apartamento e, para isso, deveria considerar a personalidade, o porte do animal, a pelagem, os comportamentos e outras características típicas de cada raça dentro desse espaço. Após muitas pesquisas, a escolhida foi a raça Golden Retriever.

Neste processo, descobri que o Golden Retriever originou-se na Escócia e foi desenvolvido com o objetivo de se obter uma raça caçadora de aves selvagens, em terra e em água. É um cão inteligente, com temperamento bastante gentil e amigo. É também extremamente afetivo e mostra-se muito paciente, inclusive, com crianças e idosos. Sua expressão é de inconfundível meiguice.

O cão desta raça geralmente tem uma grande resistência, pois foi criado para trabalhar na caça, trazendo a presa, já abatida, para o caçador. Ou seja, é um verdadeiro "apanhador" de objetos e faz disso uma prática constante para "presentear" e agradar seus donos.

O Golden Retriever também se adapta ao estilo de vida dos proprietários e pode ser facilmente mantido em apartamentos, desde que seja diariamente exercitado. Ele não costuma latir muito, a não ser para alertar sobre a presença de intrusos.

Como todo Retriever (existem outras raças dentro da família dos Retrievers), adora nadar e possivelmente não resistirá a um lago ou piscina. É também bastante sociável e se adapta muito bem com outros cães e animais.

Bem, diante de tudo isto, me pareceu o cão ideal. Se todas estas características estiverem presentes na minha filhotinha, bingo! Ah, sim, também tomei a decisão de optar por uma fêmea em vez de um macho. Porque, também em pesquisas, li que as fêmeas são mais companheiras, mais calmas e têm menos problemas comportamentais no que se refere à marcação de território e dominância.

Depois de tomadas as duas primeiras decisões, parti para mais uma pesquisa: agora, onde encontrar o meu filhote? Investiguei mil e uma fontes sobre onde se poderia conseguir um cão: abrigos, centros de zoonoses, canis, pet shops etc.

Um Golden Retriever não era um cão fácil de se achar para adoção por aí. Teria de ser comprado, mesmo. E acabei encontrando-a, por acaso, em um anúncio de um site de "compra e venda" de produtos e serviços. Isso mesmo, num anúncio da internet! Sei lá como, em algum momento, um anúncio foi exibido na tela do meu computador. Eram algumas fotos de uma ninhada de Goldens e lá, no cantinho da foto, estava o telefone de contato do vendedor. Normalmente, nesses sites, você não consegue ter contato direto com o vendedor. Tudo é feito através dos canais e ferramentas do site. Mas, por algum motivo, esse anúncio tinha, discretamente, o seu contato.

Poderia parecer uma loucura. Imagina, comprar um cão pela internet! Seria uma insanidade fechar o "negócio" como se fosse um produto qualquer. Do tipo, você faz o pagamento e depois espera para receber o produto por correio (quem sabe, até por Sedex). Sem falar que, de certa forma, eu poderia estar contribuindo para o comércio paralelo de animais. Mas, naquela época, eu ainda não conhecia bem o mundo pet e não tinha essa consciência.

Pensei bastante, hesitei muito, mas não resisti e liguei. A imagem daquelas coisinhas não saía da minha cabeça. Não custava nada conferir de que tipo de criador se tratava. E algo muito forte me dizia que era aquele o caminho da minha escolha.

Feitos os devidos contatos com o vendedor, eu exigi e consegui a oportunidade de ir pessoalmente conhecer o local, conferir os pais e escolher o meu cãozinho. E, de quebra, ainda constatei que não se tratava de um caso de comércio paralelo de animais. Muito pelo contrário. No final, me senti super bem por, de certa forma, ter ajudado. Porque, o que aconteceu foi um "acidente de percurso". O rapaz, um cadeirante com nível de vida simples, mas cheio de amor e cuidados com seu casal de Goldens, precisou sair e deixou a fêmea presa dentro de casa e o macho no quintal. Só que, na ausência do dono, a danada da cachorra, no auge do seu primeiro cio, fugiu da coleira e foi ao encontro do seu cachorrão. Meses depois, eis que surge uma bela ninhada de 12 bolinhas de pelos dourados. E o rapaz não sabia o que fazer...

Os filhotes eram tão pequeninos, com apenas 25 dias de vida, mas já saltitantes. Não me lembro quantos eram os machos e as fêmeas. Lembro que estavam todos lá, numa espécie de cercadinho improvisado, mas muito limpinho e cuidado, e quando me aproximei, todos ficaram agitados.

Eu queria ir lá ver de perto, observar, sentir, tocar e escolher. E foi exatamente aí que me enganei: há controvérsias se a escolha foi realmente minha. Na verdade, acho que a escolhida fui eu!

Imagina se eu ficaria de fora daquele cercado? Entrei lá e quase fui engolida. De repente, eu tinha bolinhas douradas penduradas por todos os lados. Eles, os cãezinhos, eram tão lindos e apaixonantes! Mas uma daquelas coisinhas peludas se destacou. Eu vi tudo em câmera lenta: como se fosse um trator, passando, literalmente, por cima dos demais, ela veio escalando e atropelando os irmãozinhos e tratou logo de ganhar vantagem e expressar toda a sua simpatia. Ela se fez notar, sem dúvidas! Veio cambaleante, por conta da sua ainda não desenvolvida coordenação motora, porém determinada, mostrando que sua personalidade já era definida. Saltou em meu colo e me olhou direta e profundamente nos olhos.

Foi assim que ela surgiu e entrou em minha vida.

E lá fui eu ignorando a primeira grande lei sobre comportamento animal: Seja o dono da decisão (leia-se, "o líder"). Tarde demais: *game over*! Nem pensei duas vezes, foi amor à primeira lambida. Não que os irmãozinhos não fossem igualmente lindos. Ela tinha "algo" especial que eu ainda não sabia explicar, mas ela já sabia perfeitamente como utilizar a seu favor.

O tempo da preparação

Pronto! Agora não tinha mais como voltar atrás (como se isso realmente passasse pela minha cabeça em algum momento). Muito pelo contrário, difícil mesmo foi conter a ansiedade para tê-la comigo em nossa casa. Foram dias de uma espera que parecia não ter fim. Eu até fiz mais uma ou duas visitas durante esse tempo, para ver se ela estava se desenvolvendo bem e, de certa forma, amenizar a minha agonia quanto ao dia que nunca chegava.

Foram cerca de dois longos meses, até que ela cumprisse o seu ciclo inicial de vacinas e deixasse de ter a necessidade da alimentação através do leite materno. O vendedor fez questão disso, o que me deu mais uma prova de que eu não havia feito a escolha errada. Esse período de convivência com a mãe e a ninhada é muito importante para os cães. Não somente por causa dos nutrientes que mamãe lhes transmite através do leite, como também, a segurança e o aconchego da família canina nos primeiros dias de vida e o aprendizado inicial da socialização junto com os irmãozinhos de quatro patas. Assim, a minha filhotinha já começaria a formar a sua personalidade e ganharia resistência e imunidade suficientes para explorar um novo mundo, muito além daquele quintal onde ela nasceu. E ela nem imaginava o quanto ainda iria explorar...

Durante esse tempo, eu me preparei como uma verdadeira "mãe de primeira viagem". Parti para o pet shop: lista de compras em mãos e um indisfarçável prazer em fazer as primeiras comprinhas da minha mascote. Sim, confesso que eu me empolguei mais do que era preciso e montei um enxoval completo com direito a caminha, mantinha, potinhos de água e comida, brinquedinhos, xampu, perfume, escova e toda uma parafernália que eu nem mesmo sabia se iria utilizar (incluindo uma imensa coleção de bandanas de todos os tipos, estampas e cores que nunca mais parou de crescer!).

Sabe o que era pior? Eu nem sabia ao certo, até que ponto todas aquelas coisas seriam realmente úteis para ela. Será que ela iria gostar do brinquedo que apitava? Ou preferiria uma bolinha? Que tipo de petisco eu poderia dar? E a cama, era confortável e grande o suficiente? Ela sentiria frio? Se sim, não seria melhor comprar também, além da mantinha, uma roupinha de inverno? Mas nem era inverno ainda... Nossa, eu já estava surtando antes mesmo dela chegar! Pensando bem, talvez essas nem fossem as preocupações mais importantes. E, de fato, não eram. É claro que alguns itens são mesmo precisos e alguma coisa eu teria que comprar. É preciso se preparar também em termos de estrutura para receber um novo cão no seu lar. Mas havia muitas outras coisas e providências com as quais eu deveria me preocupar de verdade.

Importante mesmo era saber se eu teria capacidade de me tornar responsável por uma vida. Uma vida que seria, a partir do momento em que eu a trouxesse para casa, totalmente dependente de mim (ou quase — levando em conta a personalidade que a criatura já tinha demonstrado no nosso primeiro encontro). O fato é que, como já contei, eu sempre tive bichos de estimação, mas nunca fui verdadeiramente responsável por nenhum deles. A responsabilidade pelo sustento e cuidados dos meus animais de estimação ficava por conta dos meus pais, pois era com eles que eu vivia. Eu nem sabia quanto custava um pacote de ração... Mas agora, além de ter que saber quanto custa o pacote de ração, teria que saber qual era a ração adequada, qual a quantidade diária ideal para alimentar um cachorro do porte e idade dela, qual horário e frequência de alimentação. E as vacinas, e quando levar para passear etc. Eu perceberia quando ela estivesse doente? Eu saberia se ela estivesse sentindo alguma dor? E como eu iria educá-la? O que podia e o que não podia? Sim, eu estava dando mais um grande passo na minha vida adulta. A partir desse momento eu me tornaria responsável por outro ser que não eu mesma. E, sim, apesar de todas as dúvidas que teimavam em me colocar em pânico, eu estava disposta a assumir esse compromisso. Era mais um desafio a superar na minha vida, e algo me dizia que, mais uma vez, eu seria capaz.

Tratei de devorar todos os livros possíveis sobre saúde e comportamento animal. De Cesar Milan a Alexandre Rossi, passando por Patricia McConnell até John Grogan com o imperdível "Marley & Eu" (pelo menos eu já ficaria prevenida caso ela resolvesse seguir o estilo destrambelhado do personagem dessa história). Os canais com programação sobre temas animais como Animal Planet e National Geographic entraram para a seleção dos "favoritos". Eu assistia a tudo: desde programas sobre comportamento e adestramento animal, até documentários sobre as raças. Foi uma verdadeira *overdose* de informações sobre a vida canina, numa tentativa de conhecer a origem do animal domesticado, entender o seu perfil comportamental, saber analisar o temperamento de um cão, como lhe ensinar bons modos, aprender como prevenir e tratar as doenças mais comuns e tirar proveito do acesso às experiências de outros donos e cães de primeira viagem. Não era fácil abstrair tudo isso, exigia uma dose generosa de dedicação, atenção, paciência e carinho (só não sabia ainda quais as devidas proporções eu deveria ter de cada item), mas também não parecia ser nenhuma missão impossível. Era somente uma questão de adaptar-se. De nos adaptarmos, melhor dizendo. Era uma questão de tempo. Um tempo que iríamos dedicar, como muito amor, uma à outra.

Uma verdadeira rainha

E, finalmente, estava chegando o grande momento de buscar a cachorra. Mas, "peraí", a "cachorra"?! Hummmm, estava faltando algo... Claro, tanta preparação, tantos planos, tantos receios, tanta ansiedade e me esqueci de algo muito importante: o NOME!

Eu li bastante, fiz pesquisas e encontrei uma infinidade de listas com sugestões para nomes de cães. Mas o que levei mesmo em conta foram as recomendações dos especialistas em comportamento animal sobre os cuidados que devemos ter ao escolher um nome para o nosso mascote.

A gente não imagina como esta escolha pode ser importante. Pode até ser um nome bonito ou pomposo, ou que homenageie alguém importante ou querido, enfim. Mas devemos ter muito cuidado, por exemplo, para não escolhermos nomes compridos ou nomes que possam ser confundidos pelo animal com comandos negativos ou broncas. O nome deve ser de fácil e rápida compreensão para o cão (e de fácil vocalização pelo dono) e deve transmitir positividade. Nossa, eu nunca imaginei que tivesse essa importância toda a escolha de um simples nome para um cão... Pois é, mas tem!

Também queria um nome que pudesse ser replicado em apelidos, claro! Afinal, na intimidade e nos momentos de carinho eu não chamaria a minha mascote por um nome extenso. Onde já se viu?!

Vou ter que ficar devendo a informação sobre como cheguei ao nome escolhido, pois eu realmente não consigo me lembrar exatamente como a opção CLEÓPATRA surgiu.

Num primeiro momento, Cleópatra (que significa "Glória do pai"), me pareceu um nome forte, imponente, sonoro. E era mesmo! Afinal, foi o nome de uma das mais famosas e intrigantes rainhas do Egito. Cleópatra foi uma grande negociante, estrategista militar, falava seis idiomas e conhecia filosofia, literatura e artes gregas (competências bastante avançadas para as mulheres daquele período). Dizem, com base em algumas moedas da época, já que não há retratos da rainha, que não era uma mulher bonita, tinha nariz e queixo proeminentes. Mas, para compensar, exaltava elegância, carisma e sedução. Se todas essas informações sobre Cleópatra, a rainha do Egito, são verdadeiras, não sei.

O que sei é que Cleópatra, a minha mascote, tinha, desde já, demonstrado honrar o seu nome com a mesma força, o mesmo charme e a mesma inteligência da rainha. Agora, a beleza da minha Cleópatra já era algo indiscutivelmente registrado e provado. Ela, a minha Cléo (pronto, já tinha colocado o primeiro apelido) era simplesmente linda!

Agora que o nome já estava decidido, me pus a caminho do encontro definitivo.

Quando cheguei ao local, o nervoso já me dominava. O momento era de muitas e diversas emoções misturadas.

Tirá-la do convívio dos pais me fazia sentir um pouco mal... Era como se eu estivesse repartindo uma família (e, de certa forma, estava). Será que os pais dela ficariam tristes? Será que ela sentiria falta dos pais? E dos irmãos? Eles pareciam perceber o que estava acontecendo. Principalmente a Cléo, que pela primeira vez, dentre todos os nossos encontros durante as visitas que eu fiz, permaneceu imóvel e cabisbaixa.

Mas eu sabia que, se não viesse comigo, ela iria para algum outro lugar, um lugar qualquer, com outro dono que eu não saberia quem era. E eu estava disposta a dar tudo de mim para compensá-la e fazê-la muito feliz. Era uma promessa minha, a ela e aos seus pais. Era o mínimo que eu deveria fazer. Mas com certeza eu faria muito mais do que o mínimo. Eu estava disposta a dar o máximo de mim, sem saber ainda que também receberia o máximo dela.

Peguei-a no colo enquanto sussurrava ao seu ouvido: "Não tema, minha pequena, vai dar tudo certo e prometo que vamos ser muito felizes juntas". E partimos, eu e a minha rainha, deixando alguns momentos para trás, mas prestes a viver muitas histórias pela frente.

Rumo ao desconhecido

Naquele momento, senti que algo de muito importante estava acontecendo. De repente, me vi nos braços de uma humana que não era exatamente estranha, pois reconheci o seu cheiro. Sabia que ela já tinha estado ali, em nossa casa, outras vezes. Eu me lembrava muito bem da primeira vez em que nos encontramos. Ela se aproximou e brincamos, eu e meus irmãos, de "quem pegava ela primeiro". Eu, esperta e ágil como sou, ganhei, claro. Meus irmãos não eram páreos para mim. Mesmo sem ainda enxergar devidamente e sem o completo controle das minhas funções motoras, eu sempre os deixava para trás.

Bom, não consegui perceber muito bem o que estava acontecendo. Mas notei, pelo olhar da minha mãe e do meu pai caninos, que esse seria o nosso último momento em família. Meus irmãozinhos nem se deram conta, mas seria bom que começassem a se preparar porque eu sentia que, provavelmente, a vez deles também chegaria. No olhar da minha mãe, entendi a mensagem de que tudo ficaria bem e que, a partir daquele momento, eu faria parte de uma outra matilha. Confiei.

E, de fato, aquele colo quentinho e aconchegante acompanhado de um sussurro, que não consegui decifrar, mas que mantinha um tom amoroso, me davam a sensação de segurança. E me deixei levar, literalmente.

Depois de algum tempo, dentro de uma coisa esquisita que nos transporta de um lugar a outro sem sequer nos movermos e que os humanos chamam de carro, finalmente chegamos. Pelo que ouvi, aquele seria o meu novo lar.

Eu conseguia sentir o misto de ansiedade, medo e excitação que pairava no ar. Os humanos não percebem, mas eles nos transmitem muito do que estão sentindo, através das suas vibrações e energias.

Será que eu deveria temer? Mas, que outra opção eu teria além de enfrentar e descobrir de uma vez por todas o que me esperava? Mentalizei profundamente um "Seja o que São Francisco quiser" e fechei os meus olhinhos.

Quando adentramos, eis que levei um baita susto (positivamente falando). Havia um monte de parafernálias que ela, a minha dona, logo tratou de ir me apresentando: "Esta aqui é a sua caminha", "Este é o seu bebedouro, para quando tiver sede", "Aqui será servido o seu papá", "Estes são os seus brinquedos", disse ela enquanto me mostrava um monte de objetos coloridos que faziam um barulho infernal, pior do que meus irmãos ganindo no meu ouvido.

Entendi que aquele quadrado macio era para quando eu quisesse tirar uma soneca mais confortavelmente. Sim, porque cães também adoram se esticar pelo chão.

Em um dos potes tinha água, então eu já sabia onde matar a minha sede. O outro estava vazio, sabe-se lá para que serviria (água reserva, talvez?)! Mais tarde, eu desco-

briria que seria, talvez, o meu pertence mais importante: o recipiente onde brotava comida. Agora, aqueles trecos barulhentos eu ainda não sabia para que serviam, mas decidi que os faria se calar muito em breve.

O fato é que, estava claro o quanto minha dona se empenhou. Tudo estava prontinho e parecia ter sido cuidadosamente preparado com muito carinho para a chegada de uma nova moradora. E essa moradora era eu, pelo que percebi. Que legal! Afinal, acho que a minha mãe canina tinha razão quando olhou nos meus olhos durante a nossa despedida e me disse que tudo ia ficar bem. Parecia que sim.

No entanto, aquele universo ainda era desconhecido e, de certa forma, me amedrontava. Não havia mais a agitação dos meus irmãozinhos correndo por todos os lados. Não se podia mais sentir o cheirinho da minha mamãe. As texturas e os espaços eram outros. Mas eu iria me acostumar. Dava para sentir que havia muito amor naquele lar. Um amor imenso que estava reservado para mim. E, com tanto amor, não tinha como não dar certo.

Cléo

Apertando os parafusos

Passada a fase da apresentação, das primeiras impressões e da adaptação ao seu novo espaço e aos seus novos pertences, era hora de ensinar as regras da casa e deixar claro quais eram os seus limites. Sim, os cães precisam saber, desde o primeiro momento, o que lhes é permitido ou proibido. E precisam saber quem está no comando da relação.

Mas era muita informação para um dia só, coitadinha. Tão pequenininha, ela nem sabia por onde começar. Na verdade, nem eu sabia também.

Mas nada de entrar em surto! A decisão já tinha sido tomada e agora eu tinha ali um serzinho totalmente dependente de mim e esperando pelos meus comandos. Inspira, respira, vamos lá, lembrar de tudo o que foi lido (ou pelo menos boa parte disso) sobre como criar um filhotinho.

Que tal começar pelo principal? A saúde.

Nada como uma bela primeira consulta com o veterinário para ter a certeza de que a minha peludinha estava em plenas condições. O seu desenvolvimento estava normal em termos de tamanho, peso e comportamentos. E eu já podia ficar um pouco mais tranquila e confiante para iniciar o longo e não menos importante aprendizado: o da convivência.

Eu já imaginava que não seria uma tarefa que eu tiraria de letra. Mas também acho que subestimei um pouco o nível de dificuldade da coisa. "Pode até ser complicado. Mas não deve ser assim, um bicho de sete cabeças", pensava eu. Afinal, eu sempre fui louca por animais e tive muitos deles durante a minha infância ("tive", né? Ah, tá!). Eu pegaria o ritmo facilmente.

Pois é, eu só me esqueci do pequeno detalhe de que, quando tive os meus animais de estimação, eu não era responsável nem por mim mesma.

Mas eu estava pronta para o desafio. Não me acovardei diante de situações muito mais difíceis e duras durante toda a minha vida. Não seria agora que iria me acovardar. Esse novo desafio seria muito mais prazeroso de enfrentar, pois não me foi imposto. Fui eu mesma quem o escolhi.

E a nossa prova inicial já veio com a primeira noite. A que seria a primeira noite dela fora do seu ambiente habitual.

Confesso que eu já esperava por uma noite bastante agitada. E que dormir era a última coisa que passava de concreto em minha mente. Sabia que seria uma longa noite.

E, seguindo o plano de limites previamente definidos, era a hora de lhe apresentar uma das regras principais da casa: o seu acesso ao quarto principal estava terminantemente vetado!!! Dormir na minha cama? Nem pensar!!!

Ela deveria dormir na cozinha, onde ficava a sua caminha confortavelmente instalada no devido lugar. Tinha até um cantinho, entre a porta da entrada de serviço e a geladeira, onde cabia a cama dela direitinho. Parecia até que os móveis da cozinha tinham sido propositalmente planejados para lhe sobrar aquele espaço. Se ela tivesse vontade de fazer xixi, seu banheirinho estava logo ali adiante. Água fresquinha estava em seu bebedouro. E ainda lhe deixei uns brinquedinhos espalhados, para o caso de ela acordar no meio da noite ou mais cedo do que eu e ficar entediada.

Era só uma questão de costume. Mas eu sabia que a primeira noite sem o cheirinho da mãe e o calor dos irmãozinhos seria muito difícil para ela que ainda era apenas um bebezinho, perdido naquele mundo de novidades. O melhor seria mesmo fazer o processo de transição aos poucos e, para isso, montei um esquema de "plantão no sofá".

Foi um meio termo que arranjei para não deixar que ela ficasse no quarto, mas também não abandoná-la à solidão da cozinha em sua primeira noite na nova casa. Mas, na real mesmo, essa foi a desculpa ideal para não ceder e acabar dormindo agarradinha com ela na minha cama (que era o que eu estava louca para fazer!). E, ao mesmo tempo, não passar a noite em claro, com a consciência pesando e pensando se ela estaria bem, se estaria com frio ou com fome ou com medo...

Deixei que ela se acomodasse ali no chão da sala, bem ao pé do sofá. Deitei na parte superior e coloquei a minha mão sobre ela, fazendo carinhos e cantarolando algumas cantigas de ninar. Ela adormecia, mas, quando eu também sucumbia ao sono e parava tanto os carinhos quanto as canções, ela gemia ou ameaçava chorar e eu começava tudo de novo. E assim foi a nossa primeira e longa noite.

Na segunda noite, lá vamos nós para o "plantão no sofá" novamente. A esta altura, coluna e pescoço eram partes do corpo que já nem me pertenciam. A peludinha, dengosa, ainda choramingou um pouquinho, mas bem menos do que na primeira noite. É claro que ela tinha saudades do seu núcleo canino. Imagine se esqueceria tão rapidamente dos seus entes queridos! Mas também já era notório o poder de persuasão que aquele serzinho exercia sobre mim. Algo estava um pouco mais além.

Ouvindo com um pouco mais de atenção, podia-se perceber que aquele chorinho já tinha uma pitada de manha e de chantagem emocional. A pestinha já praticava a arte da manipulação (e muito bem, por sinal). Ela estava adorando aquela atenção toda, sem dúvidas. Mas, passar as noites no sofá, não estava nos meus planos para todos os anos em que iríamos conviver. Portanto, era hora de decidir se eu me tornaria refém!

E, na terceira noite, chegou a hora de colocar as coisas em seus devidos lugares. O dela era a cozinha. A cozinha era fresquinha, ligeiramente iluminada. Mostrei para ela que a caminha era extremamente confortável, macia, espaçosa... e que logo teria o cheirinho dela. E o melhor, se ela precisasse, eu estaria logo no quarto ao lado. Dei-lhe um beijinho de boa noite e ela pareceu conformada, permanecendo ali, enroladinha, só me acompanhando com um olhar espichado. Fechei a porta e pensei: "Ufa, será mesmo que vai dar certo?"

Ah, seria fácil demais! Bastou eu me deitar na cama, para logo começarem os gemidos. Bem baixinhos, como se estivesse testando os possíveis efeitos. Fiquei na cama, atenta (e apreensiva!), mas não me movi. Em seguida, os gemidos passaram a uma espécie de murmuro e não demorou muito para transformarem-se em verdadeiros uivos!

Meu Deus, como podia um serzinho daquele tamanho fazer todo aquele barulho?! A Cléo mostrava a potência do seu gogó com uma verdadeira sinfonia de latidos e gritinhos estridentes em plena madrugada. E eu, fazia um esforço sobre-humano para resistir!

Eu morri de pena dela. Uma agonia, uma certa culpa e a sensação de que eu estava sendo a pior pessoa do mundo ao deixar um filhotinho daquele sofrer sozinha. Ela devia estar com muito medo, pensava eu. E, confesso, eu também estava com muito medo: dos vizinhos reclamarem.

A minha vontade era correr lá pra cozinha, botá-la no colo e dormir agarradinha para que ela soubesse que eu estaria sempre ali, protegendo-a. Mas a verdade é que aquele processo era necessário e eu não a estava maltratando. Ela estava bem alimentada e abrigada. Mas era um dos primeiros passos para que a nossa relação fosse sadia e equilibrada. Mesmo que um dia ela viesse a dormir junto comigo, no meu quarto (o que acabou mesmo, por acontecer), ela precisava saber que nem sempre teríamos que dormir grudadas. Haveria noites em que dormiríamos separadas, certamente. E ela precisava ter a tranquilidade de saber que, se isso acontecesse, eu estaria de volta no dia seguinte, ou em breve.

Portanto, ceder, naquele momento, só iria colocar tudo a perder. Se ela me ganhasse nesse primeiro embate, dificilmente eu viraria o jogo. Aquela foi uma longa noite, durante a qual travamos uma verdadeira "queda de braços"!

Felizmente, a noite foi passando e ela foi percebendo que não me ganharia no grito. Que, no fundo, o cantinho dela até que era bem acolhedor e, que, se ela realmente precisasse, eu chegaria à cozinha num pulo só.

Pronto! Nas noites seguintes, bastava eu dizer a palavra "caminha" e já isso funcionava como um toque de recolher. Ela já sabia para onde ir. Sem sequer resmungar.

🐾 🐾 🐾

Disciplina é preciso, mas sob medida

Agora que eu já me sentia em casa, no meu novo lar, e que a falta que a minha matilha canina já não me entristecia mais, chegou a hora da minha mamys humana me apresentar ao meu novo mundo, minha nova vida, minha nova rotina e, consequentemente, minhas novas regras.

Ela, então, resolveu colocar em prática os ensinamentos adquiridos através de muita leitura em livros e sites especializados em comportamento animal. Ela devorou tudo e mais alguma coisa, antes mesmo de eu chegar. A prateleira de "literatura canina" lá de casa é recheada de títulos de autores especializados.

A minha mamys também tinha feito um curso básico de adestramento canino, quando estava na fase de decisão sobre que raça iria escolher.

Ela, então, utilizou algumas técnicas, lançou mão até de algumas ferramentas sugeridas pelos especialistas em comportamento animal, colocou "armadilhas" pela casa, fez mandinga, promessa, e, em alguns momentos, se descabelou.

Lembro que, em certas ocasiões, a minha mamys chegou a chorar de nervoso.

Especialmente em uma vez em que eu comi o meu próprio cocô.

Alguns cães tem esse problema que os humanos chamam de Coprofagia e que nada mais é do que o ato de comer fezes (as próprias ou de outros animais). Devo concordar que, para quem não entende a razão, este é um hábito bastante desagradável. Não é a toa que os nossos donos ficam completamente loucos quando fazemos isso.

Mas os cães podem ter esta "quedinha gastronômica" por diversas razões que não necessariamente uma preferência. Pode ser por uma memória do seu instinto animal, já que, em situações naturais, na vida selvagem, é muito comum os animais carnívoros silvestres, como os lobos e nós, os cães, comerem o estrume de grandes herbívoros, como búfalos, cavalos e gado. A Coprofagia pode estar associada ainda a doenças ou a uma dieta desequilibrada. Ou, o mais provável, no meu caso, a problemas comportamentais e de estresse.

Acho que o período mais difícil, tanto para ela quanto para mim, foi quando eu ainda não podia sair à rua, pois não tinha completado o meu ciclo vacinal adequadamente. Passamos cerca de dois meses sem poder passear.

E aí, o grande desafio da minha mamys era manter uma Golden Retriever entretida em um apartamento. Tenho que reconhecer que, para a pobre, não foi uma missão nada fácil. Porque, como todo bom filhote, eu era bastante ativa e inteligente. E tinha energia para dar e vender.

Era um tal de "Não pode" pra lá, "Não pode" pra cá, "Não pode, Cléo", "Não pode", "Nãããããããããooo!". Ela ficava es-

tressada, eu sabia disso e sentia muito. Mas eu era apenas um filhote e não sabia lidar com toda aquela agitação que tomava conta de mim.

A Coprofagia, no meu caso, foi uma forma de evitar que a minha mamys ficasse zangada comigo porque eu, às vezes, não conseguia me segurar até chegar ao lugar onde ficava o meu banheirinho. Eu já aprontava tanto que não queria que ela se chateasse ao se deparar com o meu cocô fora do lugar certo. Aí, dava um jeito de "esconder", né? Mas fui pega no flagra e prometi que aquilo não iria mais se repetir.

Já nas ocasiões de um delicioso bolo de chocolate e de uma suculenta salada de camarão que ficaram dando mole em cima do balcão da cozinha... ah, essas iguarias ninguém tinha me dito que eu não podia comer!

A minha mamys ficou doida quando me viu dentro da forma, saída há pouco tempo do forno, já tendo comido praticamente todo o bolo de chocolate que ela havia feito. Por muita sorte, eu não tive nenhuma reação. Muita sorte mesmo, porque o chocolate é extremamente perigoso para os cães. Ele tem uma substância, a teobromina, que atua no sistema nervoso e pode até matar! E eu não tive nem mesmo, uma diarreia.

Já a salada de camarão... Eu vi a minha mamys preparando a salada com tanto carinho e capricho que achei que ela deveria ser destinada ao ser que ela mais amava: eu, claro! E acho que me enganei com o fato de que a salada não era para mim... Mas estava certa na teoria do amor!

Esta foi a estratégia que mais deu resultado no meu processo de educação e disciplina: o amor.

Com certeza, foi preciso uma boa dose de amor para conseguir compreender as minhas necessidades, a minha personalidade e saber impor os limites de forma adequada — rígida, mas com carinho.

Porque é de extrema importância que o seu pet seja educado, para o melhor convívio com a sociedade, com os humanos e com outros animais. E até mesmo para o melhor convívio com a própria família. E para a segurança dele e de todos.

Eu reconheci isto e, por essa razão, queria mostrar para a minha mamys que eu era capaz de realizar o que ela desejava. Passada a fase inicial, onde trabalhamos mais a questão dos limites, começamos a treinar alguns comandos de obediência.

E foi aí que eu me superei. Eu ficava na expectativa para receber os comandos e mais ainda para receber a recompensa no final — que normalmente, era um petisco, um brinquedo ou mesmo um carinho. Mas o mais gratificante para mim era ver a satisfação da minha mamys com o meu desenvolvimento, expressada através de um sorriso bobo estampado na cara dela. Ahhhh, como os humanos são babões!

Mas eu era mesmo muito esperta! Em apenas dois dias, já sabia os comandos básicos. Fazia o "senta", o "dá a pata" e estava quase num perfeito "deita".

E, é claro que, esta prática diária dos comandos não serviu somente para que eu aprendesse a fazer truques bonitinhos. Além de ajudar a exercitar a minha capacidade de atenção e disciplina, foi muito importante para estabelecer uma relação cada vez mais próxima entre a minha mamys e eu. Foi essencial para fortalecer a posição dela enquanto *líder da nossa matilha e assim conquistar o meu respeito. E, consequentemente, todos os nossos (meus) probleminhas de comportamento (naturais aos filhotes) acabaram por se resolver de forma natural. E eu estava preparada para ser apresentada ao mundo lá fora.*

Cléo.

🐾 🐾 🐾

Um cão para fazer amigos

A minha vida em São Paulo ainda não estava totalmente estruturada. Eu havia chegado não fazia assim tanto tempo. Logo que consegui montar o apartamento e organizar um pouquinho o dia a dia, veio a Cléo. Ou seja, eu mal tinha saído de casa, conhecido a cidade, feito amizades. Na verdade, eu ainda não conhecia praticamente ninguém.

E foi aí que eu descobri como um cachorro pode ajudar a gente neste quesito. O quesito socialização.

As pessoas muitas vezes acham que estão socializando seus cães quando, na realidade, estão socializando entre elas mesmas. Um cão é um atrativo poderosíssimo, um verdadeiro "imã de pessoas"! E eu percebi isso desde a primeira vez que pisei na rua com a Cléo.

Depois que você tem um cachorro, é muito fácil fazer novas amizades. As pessoas se aproximam de mansinho, acham bonito, fofinho, querem fazer carinho, perguntam o nome do animal e vão puxando papo. O animal acaba se tornando um interesse em comum entre as pessoas e aí o assunto flui naturalmente. Sem falar das vezes em que é o próprio animal que acaba tomando a iniciativa de interagir com as outras pessoas ou com os cães delas.

Tem quem diga que um cão ajuda até mesmo a encontrar um amor... Bom, o que eu posso dizer é que, até o momento, encontrei grandes e boas amizades através da Cléo.

O primeiro passeio com ela foi um pouco tenso. Ao colocar a guia, a peluda simplesmente travou. Empacou, fez birra bem ali, no meio da calçada. Não queria se mover de jeito nenhum. Não sei bem ao certo se o problema foi a guia ou se ela estava com medo da nova situação, mesmo.

E foi preciso uma boa dose de incentivo e paciência para fazê-la andar. Mas, depois do primeiro passo, não quis mais parar. Mal sabia ela que aquela era apenas a primeira de muitas expedições que ela faria. E que iria ainda mais longe!

Os nossos passeios iniciais foram em uma pracinha perto de casa. Eu quis começar aos pouquinhos, com um lugar mais tranquilo e a oportunidade dela interagir com alguns cães, mas sem grande confusão. E ela se saiu muito bem. Fez seus primeiros amiguinhos e, junto com eles, descobriu o gostinho de rolar na grama, correr e cavar. A minha pequena estava aprendendo a ser cachorro com outros cachorros.

Depois de um tempo frequentando a pracinha, resolvi passar para um outro patamar. Agora era hora de frequentar um local mais amplo, com mais possibilidades de novas amizades — para nós duas.

Fomos conhecer um parque. Mais precisamente, o Parque do Ibirapuera.

Eu já havia frequentado o parque algumas vezes, pois ficava bem perto de casa. Gostava do lugar e sabia que lá havia uma área, onde os donos podiam deixar seus peludos desfrutarem sem as guias. Eu fui algumas vezes até esse espaço e ficava lá, quietinha, só observando. Morrendo de vontade de estar lá no meio, com o meu cãozinho correndo por todos os lados também. "O dia em que eu tiver um cachorro, vou trazê-lo aqui para passear", pensava todas as vezes.

O lugar é chamado, popularmente, pelos frequentadores de "cachorródromo". É um espaço onde os cães podem brincar soltos e desfrutar da liberdade. Tem bastante área gramada (mas tem área com barro e lama também), tem árvores e até um bebedouro para cães. Não é oficial. Ou seja, vocês não vão encontrar nenhuma publicação falando sobre isso.

Mas a própria administração do Parque já tem conhecimento e consente o uso do local para a recreação dos animais — desde que tudo isso seja feito dentro do bom senso e da responsabilidade.

Os cães frequentadores devem ser dóceis e sociáveis. E seus donos, por sua vez, vigilantes e responsáveis. Nada de brigas e nada de cacas "esquecidas"!

Aliás, estas são regras que devem ser aplicadas em qualquer local frequentado por cães. Infelizmente, nem todos os frequentadores seguem as regras. Mas, os bons frequentadores tratam de fazer com que os outros se lembrem. Eu e a Cléo éramos boas frequentadoras e íamos lá quase todos os dias.

Aquele passou a ser o nosso local preferido para os passeios matinais. E notamos que também havia outras pessoas que cultivavam esse mesmo hábito com seus cães. A cada manhã, nos encontrávamos no mesmo local.

As carinhas e fuças foram ficando cada vez mais conhecidas e logo nos tornamos uma turma só. Enquanto os cães brincavam, socializavam e extravasavam a energia, seus donos colocavam o papo em dia. Foi assim, através dos meus passeios matinais com a Cléo, que eu fiz as minhas primeiras amizades em São Paulo. Amizades muito legais, as quais cultivo até hoje. Foi o meu ponto de partida para retomar a minha vida social.

E a Cléo também foi formando a sua primeira matilha. Tinha a Ginger, o Chopp, a Puppy, a Phoebe, a Naomi, a Shously, a Maggie, a Lilló, a Pinga... Cada um deles com suas características específicas que fomos aprendendo a reconhecer no dia a dia.

A convivência os ensinava a respeitar uns aos outros, a valorizar as qualidades e tolerar os defeitos. Porque é claro que existia o mais ranzinza, aquele que montava em todo mundo, a que gostava de tomar banho de sol, a que passava o tempo caçando passarinhos, o que preferia fuçar as moitas atrás de alguma porcaria, a que ficava de longe só observando a agitação da galera, o que não gostava de dividir a bolinha...

E foi no parque que a Cléo conheceu uma das suas grandes amigas, a Cindy, que adorava cavar buracos no barro e deitar bem no meio das poças de lama. Ainda bem que a Cléo não tomou assim tanto gosto pelas preferências da amiga!

O fato é que, cada um deles foi e continua sendo peça importante no processo de socialização, disciplina e aprendizagem geral da Cléo. Mesmo aqueles com os quais a gente tenha deixado de conviver (porque se foram com o passar do tempo, devido a mudanças de endereço ou por outras razões).

Ah, que turma boa! Ali, eu e minha filhota fizemos amigos para a vida toda (e que fazem parte da nossa história).

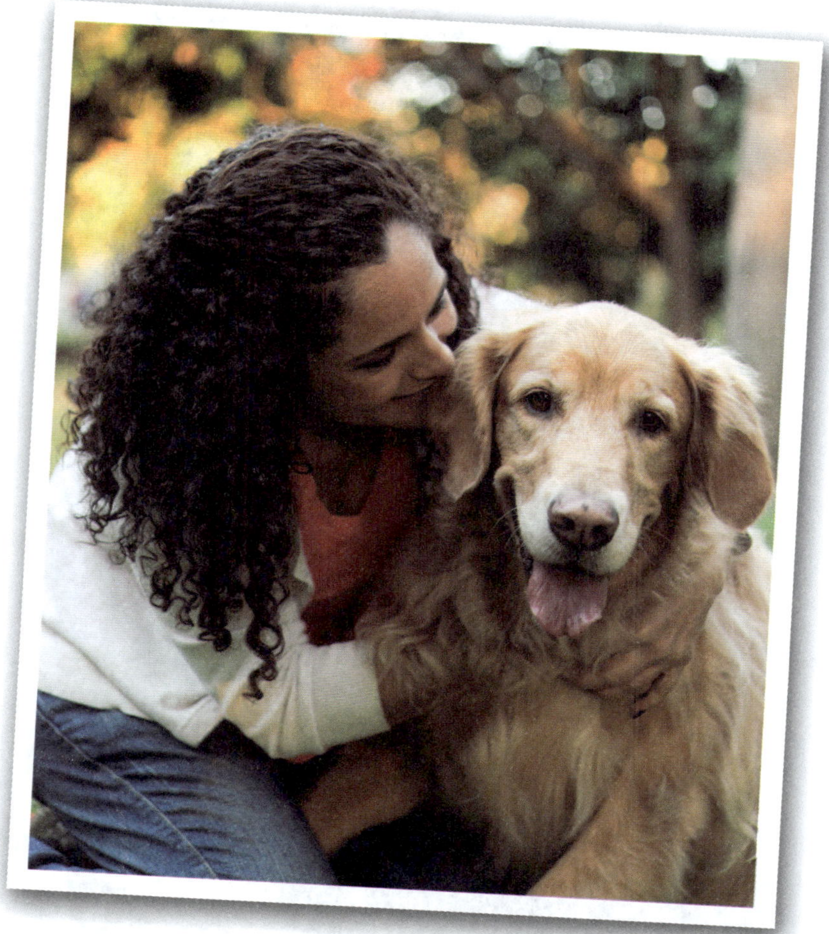

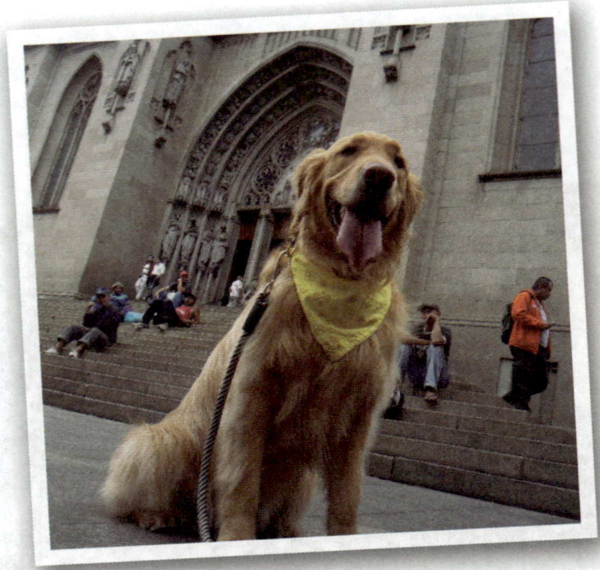

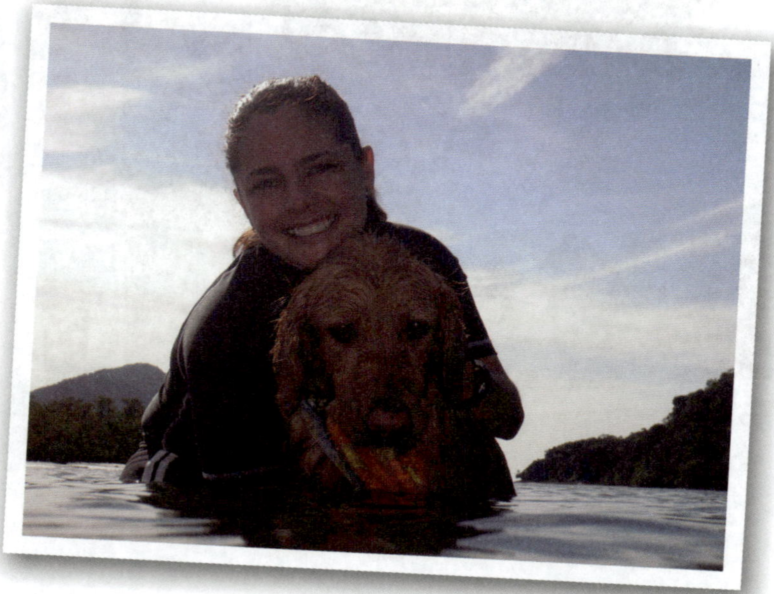

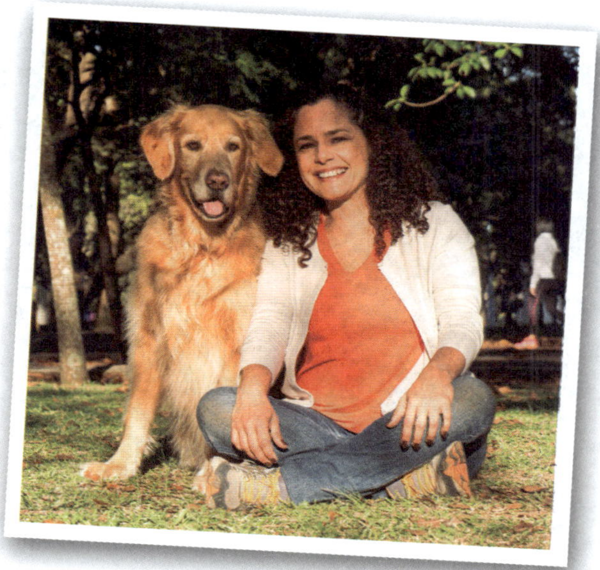

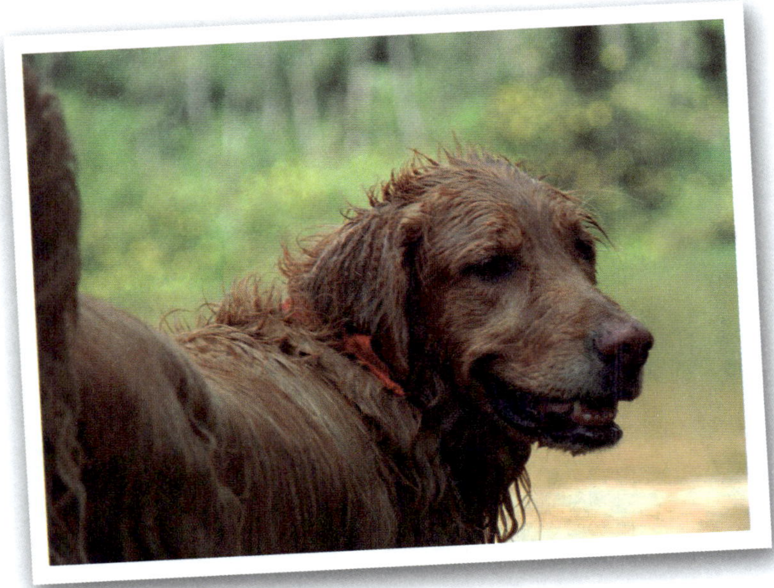

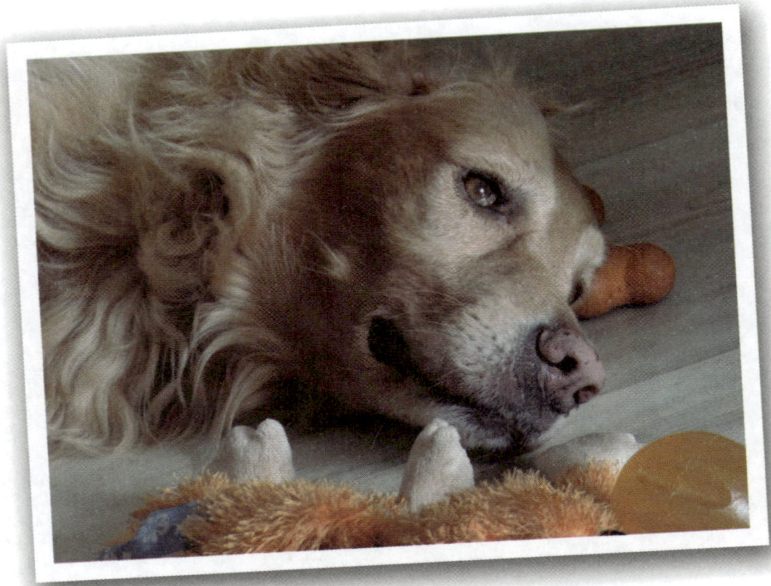

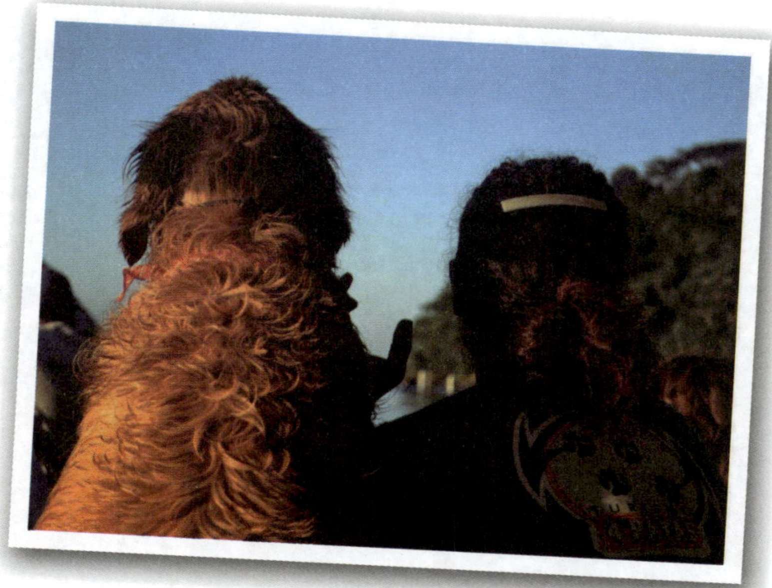

As dores e as delícias de ser...
Mãe de cachorro

Já ouvi muitas amigas minhas que são mães e muitas mães de amigas minhas (e até a minha própria mãe) dizerem que "ser mãe é padecer no paraíso". Eu achava que entendia o sentido disso, mas, na verdade, só vim entender mesmo quando passei a viver na pele as dores e as delícias de ser mãe. Mãe de pet, é verdade. Mas, no final das contas não deixa de ser um papel muito semelhante ao das mães de humanos.

Sim, porque, no final das contas, a criação, os cuidados, a educação e os sentimentos que desenvolvemos na relação com nossos mascotes, acabam sendo equivalentes (eu não disse iguais!!! Talvez para uns, não para todos) aos de uma relação maternal humana.

Para muitos donos, o pet é como se fosse um filho — claro que, guardadas as devidas proporções, as restrições e as boas práticas do convívio social. Eu sei que a Cléo não pode andar solta em qualquer lugar, que ela sequer pode circular em alguns locais, que algumas pessoas têm o direito de não gostar de pets ou, pior, outras têm verdadeiro pânico de animais em consequência de algum episódio que tenha lhes rendido um trauma. Mas ela é como se fosse a minha filha, sim. E, como toda mãe, eu sofro as dores e as delícias de ter a responsabilidade e um amor imenso por um ser que, de alguma maneira, teve a vida confiada a mim.

A minha "filhota de quatro patas" já me deu muitas alegrias, já me encheu de orgulho, já quase me matou de susto, já me deixou sem saber onde enfiar a cara, já me fez perder noites de preocupação, já encheu o meu coração de saudade... Até onde eu sei, esses são os mesmos sentimentos que as mães de filhos humanos têm.

Quer colocar à prova o meu instinto maternal? Faça algo, qualquer coisa, por menor que seja, contra a minha filhota... E eu viro uma verdadeira leoa em proteção a minha cria!

Durante uma viagem para a Praia de Maresias (SP), a Cléo ainda era um filhotinho, com cerca de cinco meses, e estava estreando as suas aventuras na estrada. Estávamos em um bar da pousada onde nos hospedamos. Era um mês qualquer, em baixa estação e a praia estava praticamente vazia. Nós ali, curtindo o nosso momento, de forma adequada e com a Cléo na guia, fazendo as primeiras tentativas de que ela desse um mergulho no mar, quando alguém simplesmente se incomodou com a pequena presença dela e solicitou ao funcionário do bar onde estávamos que pedisse que nos retirássemos.

Tudo bem, a permanência de pets é, de fato, proibida nas praias brasileiras e isso não vou discutir aqui (mas posso lamentar!). Agora, expulsar a minha filhota de algum lugar já é algo que não me desce pela goela (olha a mãe leoa falando mais alto!). Exigi o meu direito, como cliente e hóspede do local que se promovia como *pet friendly*, a permanecer lá, ainda que fossemos transferidas para uma área reservada. Mas, atender ao abuso de quem se sentia incomodado pela simples presença da minha peluda, não mesmo! Mãe defende a sua cria com unhas e dentes. Se os incomodados se retiraram, não sei. Mas nós permanecemos no local sem desrespeitar ninguém.

E a primeira vez em que ela ficou doente? De repente, no meio de um passeio, ela começou a vomitar e a ter diarreia. E o pior: se negou a comer. Corri para um atendimento de emergência veterinária e lá, seu a puseram imediatamente no soro. O diagnóstico foi de uma Gastrointerite Hemorrágica. Eu não fazia a menor ideia do que era e qual seria a sua gravidade. Só sei que um medo insuportável de perdermos uma a outra foi tomando conta de mim. Me coloquei ao lado dela e ali permaneci, durante todo o tempo em que a medicação era aplicada. Segurei em sua pata como se segura na mão de uma criança em um leito de hospital. Ela me olhava como que buscando uma explicação para o que estava acontecendo. E eu, por minha vez, buscava, através do meu olhar, transmitir a ela a tranquilidade de que tudo ia ficar bem. Eu podia não ter a certeza disso, mas podia assegurar a ela de que eu não sairia dali. E, nessa troca de olhares e proteção, uma cumplicidade e uma relação de confiança enormes se estabeleceram entre nós, naquele momento.

Por dentro de mim, na verdade, eu me questionava, mais uma vez, se realmente eu seria capaz de ser responsável por um ser vivo. "Será que eu não cuidei bem dela?; será que é culpa minha?", me perguntava sobre o que estava acontecendo. E uma sensação de impunidade tomava conta de mim. Eu sofria por vê-la sofrer e por não saber exatamente o que ela estava sentindo. Se eu pudesse ter o poder da escolha, naquele momento, com absoluta certeza, eu escolheria trocar de lugar com ela. Se isso não é instinto materno, me diga, então, o que pode ser?!

Pouco tempo depois, passamos por uma experiência semelhante. Mas, desta vez, foi algo que exigiu uma decisão minha: a castração.

Eu gostaria muito de, um dia, quando a Cléo tivesse uma ninhada, poder ficar com um filhotinho e dar continuidade à sua descendência. Já pensou, um netinho, filhote da Cléo? Mas, o fato é que nós vivíamos num apartamento e não tínhamos nenhuma previsão de quando mudaríamos para uma casa ou apartamento maior. Vejam vocês que, um Golden num apartamento, às vezes, já é chocante para algumas pessoas (mas nós sempre vivemos muito bem!), imagine, então, uma ninhada! Até os 45 dias de vida, enquanto não pudessem ser entregues aos novos donos, teríamos sei lá quantos Goldenzinhos crescendo num apartamento!

Sem falar que, para entregar os meus netinhos, eu seria bem criteriosa na escolha dos novos donos. Ou seja, as chances de "empacar" eram enormes. E a quantidade de cães nas ruas ou à espera de adoção nos abrigos? Será que colocar mais uma ninhada no mundo não estaria diminuindo as chances deles? Ah, e os problemas que a Cléo poderia ter em decorrência do cio?

Eu pesquisei e li muito sobre o assunto. Conversei até a exaustão com o veterinário da Cléo. Discuti, questionei até não haver mais nenhuma dúvida. E tomei, conscientemente, a decisão de castrá-la. Foi uma decisão difícil, mas o passo era necessário.

E mesmo confiante na minha decisão e nos benefícios que a castração traria para a nossa vida (especialmente para a saúde dela) e na competência do profissional que nos assistia, eu passei pelo medo e pela angústia de ver a minha "filhotinha" ser submetida a uma cirurgia.

Assim que o pré-anestésico começou a fazer efeito, ela me olhou com um olhar desesperado. Era um olhar de quem me perguntava: "Mamys, tá acontecendo algo errado comigo. Por que você não faz nada?". Eu retribuí o seu olhar com outro que tentava lhe transmitir: "Está tudo bem e eu não vou a lugar algum, estarei aqui perto de você".

Assim que ela apagou, eu fui tomada por um aperto no coração, uma estranha sensação de culpa, um sufocante sentimento de impunidade ("e se algo der errado?"). A minha vontade era pegá-la no colo e sair correndo dali. Mas eu resisti ao impulso e vi que isso, nada mais era, do que o instinto "maternal" falando alto (mais uma vez!).

O veterinário permitiu que eu acompanhasse a cirurgia e pudesse ficar ao lado dela e isso me tranquilizou. A cirurgia correu bem e rapidamente. Quando ela acordou, eu fui a primeira imagem que ela viu e tenho a certeza de que era o que ela procuraria.

Nos dias seguintes, durante a recuperação, ela passou um pouco mal, vomitou e sentiu dores. Mas eram sintomas normais do pós-operatório. Nada como a sua casinha, a sua caminha e muito carinho para ajudá-la a ter uma recuperação rápida. E assim foi. Dois dias depois, ela já estava toda serelepe, querendo correr para todos os lados sem nem se dar conta de que ainda tinha os pontos da cirurgia.

E eu, tranquila e aliviada, com a certeza de que, dali para a frente, ela estaria livre do risco de desenvolver um câncer de mama ou mesmo, uma infecção no útero, além de outras doenças. E ela estaria sempre disponível para passear e se aventurar, sem a preocupação de um cio ou de uma cruza indesejada. Sem causarmos problemas ou passarmos por constrangimentos em locais onde possamos encontrar machos não castrados, caso ela estivesse no cio... Enfim, para mim, castrar a Cléo foi um verdadeiro ato de amor... amor materno!

O mesmo amor materno que me consome quando eu viajo sem ela — mesmo que eu saiba que a deixei em boas mãos. "Será que vão dar a comida no horário certo?", "Será que vão perceber se ela não estiver se sentindo bem?", "E se ela tiver frio no meio da noite?", "Ela gosta de dormir depois do almoço... Será que vão deixá-la num cantinho sossegado?".

Pois é, neste quesito, eu também tenho a certeza de que fiz boas escolhas. O primeiro hotelzinho para animais onde deixei a Cléo durante a minha ausência, foi muito bem selecionado. Era na casa de um casal — o Marcus e a Claudia —, na cidade de Porto Alegre (RS), onde morávamos na época. Lá, os cães tinham horários para exercícios e recreação, era um lugar nas montanhas, ao ar livre e os próprios donos do hotel cuidavam de tudo pessoalmente. Depois, em São Paulo, todas as vezes em que precisei deixar a Cléo aos cuidados de alguém, ela ficou com o Marcelo

Miranda — o Tio Celo. Uma escolha que não poderia ser melhor! Amigo, adestrador, especialista em comportamento animal, meu parceiro de trabalho e que conhece e ama a minha filhota quase tanto quanto eu. A Cléo e o Ryan, filho do Marcelo, têm praticamente a mesma idade e foram criados praticamente juntos. Era na casa da família que ela ficava hospedada quando eu não podia levá-la comigo nas viagens. E é por isso que ela é completamente apaixonada pelo Marcelo. Sempre que o encontra, o abanar de rabo ganha velocidade máster e ela o enche de lambidas. Com ele, ela fica como se estivesse em sua própria casa.

Mas estar longe da minha filhota é sempre muito difícil. Mesmo sabendo que ela está sendo bem cuidada e que, não, não está sentindo assim tanto a minha falta. Eu sim. A cada dia longe, a minha saudade aumenta. Eu ligo, mando mensagem para quem ficou com ela. Quero notícias, quero saber se comeu bem, se dormiu, se brincou...

E, nos locais que eu visito, me lembro dela. Fico pensando se ela gostaria de estar ali, se ela ia correr por aquele gramado, nadar naquela praia, desejar aquele brinquedo que vi no pet shop... Coisas que sei que as mães sentem por seus filhos humanos quando viajam sem eles também.

E quando eu volto, trago na mala um monte de presentes que sei que não farão nenhuma diferença em nossa relação. Para ela, tanto faz eu voltar com uma mala cheia de brinquedos ou com as mãos abanando. O que importa é o reencontro. Ainda que ela não passe os dias sofrendo com a minha ausência, a felicidade do reencontro é certa.

Mãe padece mesmo... Morre de preocupação, morre de saudades e, às vezes, quase morre de susto!

Quantas vezes eu tive que enfiar a mão na goela da Cléo porque ela estava praticamente sufocando com a própria ração? Quando ela era pequena, devorava a sua refeição como se não houvesse amanhã. Ou melhor, como se amanhã não fosse haver mais refeições. Ela era mais eficiente que um aspirador de pó. Sugava toda a porção de ração de uma só vez. Aquilo formava um bolo enorme e seco de grãos que não desciam pelo aparelho digestivo. E ela ficava literalmente entalada.

A primeira vez que isto aconteceu, eu a encontrei já estava roxa, quase desmaiando. Numa atitude exclusivamente instintiva, enfiei a mão em sua boca, até a garganta, e puxei o bolo de ração para fora, liberando o caminho para que ela voltasse a respirar. Não, eu nunca tinha lido ou visto nada sobre isso em lugar algum antes. Apesar de toda a minha pesquisa e estudo sobre animais e até mesmo de já ter feito um curso de Auxiliar Técnico Veterinário, não me lembro de abordar especificamente nada sobre engasgos ou sufocamentos desse tipo. A minha atitude foi deflagrada por um reflexo maternal. Eu estava vendo a minha filhota sufocando e tinha que fazer alguma coisa para salvá-la.

Depois disso, ainda tivemos mais alguns episódios (nos quais eu já estava mais preparada para agir), até que a Cléo percebesse que haveria "amanhãs" e que ela seria devidamente alimentada todos os dias, sem a necessidade de devorar a sua comida daquela forma desesperada.

Mas nem só de sustos e angústias é feita a nossa relação. Assim como toda relação entre mães e filhos, a Cléo já me colocou em muita "sinuca de bico" e também já me deu inúmeros motivos para me orgulhar dela.

Cléo, Minha Eterna Cãopanheira

A Cléo é completamente paranoica por bolinhas (falaremos disso em um capítulo mais adiante) e, não sei dizer o porquê, ela acha, acha não, tem plena certeza de que todas as bolsas ou mochilas escondem uma bolinha sagrada. E caso a pessoa negue que possua uma bolinha, ela não se convence e vai lá conferir pessoalmente. Ela chega a abrir zíperes de bolsas para checar se realmente a bolinha não está lá escondida!

Uma vez, estávamos no parque e ela, na sua busca incessante por bolinhas, enfiou a fuça dentro da bolsa de uma pessoa. Depois que remexeu bem os pertences alheios, veio trazendo uma nota de cinco reais. Eu não sabia onde enfiar a cara, até porque, a nota veio toda babada e rasgada. Ainda bem que a pessoa era uma amiga e não se chateou. Ficou a história engraçada para rirmos sempre que lembrarmos, além da promessa de reposição da nota de cinco reais, que eu nem me lembro se paguei, depois.

Mas esta não foi a pior das vezes em que a Cléo me fez querer sumir do mapa.

A pior delas, mesmo, foi em um passeio matinal pelo bairro. Nós passamos na frente de uma cafeteria, bem na hora do café da manhã, e ela resolveu que ali seria o lugar ideal para depositar o seu primeiro cocô do dia. E caprichou!

Já estávamos caminhando há algum tempo e ela nada de fazer além do xixi. Eu já estava ficando até um pouco preocupada, pois, como à noite ela não costuma fazer nada em casa, quando saímos à rua de manhã, ela logo vai se aliviando. Mas, naquele dia, a danada quis plateia. E eu que já não me sinto lá muito confortável quando tenho que catar o cocô dela na rua, quis morrer!

Eu sei que recolher as fezes do animal durante o passeio é mais que obrigação. É uma questão de higiene, saúde pública e respeito aos demais transeuntes. Porque pisar em cocô de cachorro na rua é uma das coisas mais irritantes que existe. Eu sei disso, piso sempre e fico furiosa. Mas também, convenhamos que não é uma das melhores situações para sermos vistos recolhendo...

Não, não é uma situação em que a gente se sinta confiante e orgulhoso, não é mesmo? E quando a gente está lá, abaixado, tentando fazer com que o cocô do cachorro caiba rapidamente no saquinho logo na primeira tentativa e passa alguém e faz aquela cara de nojo ou mesmo de indignação? A gente está lá, fazendo o nosso papel e a pessoa ainda acha ruim!

Mas eu faço, sempre. E tem que fazer mesmo! Agora, não precisava era fazer ali, bem na frente daquele monte de gente que estava degustando o seu pãozinho de queijo com café, né, Cléo?! Acho que, dessa vez, não agradamos a plateia...

Mas não importa. Porque a minha filhota apronta, mas, na maior parte das vezes, ela me enche mesmo é de orgulho. Orgulho que tomou conta de mim na primeira vez em que ela colocou as patinhas numa trilha e me mostrou que seria a companheira perfeita para as minhas aventuras. Ou quando ela, que nunca havia nadado, se jogou na água porque achava que alguém estava precisando de ajuda. E, tempos depois, já uma nadadora experiente, insistiu em me tirar de um lago porque eu estava nadando sem colete salva-vidas. A minha filhota, protetora, me enche de orgulho quando late forte para alguém que se aproxime de mim e ela acha suspeito. Mesmo que eu saiba que, no fundo, provavelmente ela não vá atacar de verdade, é bom demais vê-la retribuir o meu amor com a sua forma de proteger-me. E quando ela vai ao hospital veterinário fazer doação de sangue para salvar uma vida que necessite de transfusão, eu explodo de muito orgulho. E ela me enche de orgulho quando serve de exemplo, pela sua esperteza, inteligência ou beleza. Porque ela é linda demais (ai que orgulho de mãe!) e até já fez propagandas na TV e em revistas.

Pois é, orgulho, amor, carinho, cuidado, preocupação, saudade, proteção, instinto. Me diga se esses sentimentos não estão dentre os que figuram numa relação maternal?

Pegando como referência a célebre frase *"Tu te tornas eternamente responsável por aquilo que cativas"*, do escritor francês Antoine de Saint-Exupéry, autor da obra "O Pequeno Príncipe", eu arrisco definir o instinto materno como: "o que sentimos por aquele ser pelo qual nos tornamos responsáveis".

Sim, sou mãe. De cachorro, mas Mãe no verdadeiro sentido. A partir do momento em que me tornei responsável por aquele ser, eu deveria assumir os resultados, bons ou ruins, decorrentes dessa decisão e de todas as outras decisões relativas a ele. Eu não era mais só eu... Precisava pensar bem antes de tomar caminhos, pois eles seriam percorridos em dupla; precisava me proteger mais, pois se algo me acontecesse, quem cuidaria dela como eu?; precisava escolher opções que coubessem nós duas; colocar o necessário para ela, sempre acima do supérfluo para mim... E, às vezes, até mesmo acima do necessário para mim também; eu deveria vencer o cansaço, sempre que ela precisasse passear;

dominar o mau-humor para entrar na brincadeira com ela; superar qualquer tristeza, porque ela não gostaria de me ver chorar. Porque éramos nós duas, mãe e filha, em qualquer circunstância.

🐾 🐾 🐾

Feliz Dia das Mães, Mamys!

Porque, no primeiro momento em que nos olhamos, já havia uma conexão.

Porque foi no seu colo que me protegi quando vi "o mundo lá fora" pela primeira vez.

Porque era a sua voz que cantava aquela cantiga de ninar para me acalmar na hora em que apagavam as luzes do dia.

Porque foi você quem me deu o meu primeiro banho (não que eu tenha gostado... heheh).

Porque era você quem me dava broncas ou me punha de castigo quando eu não me comportava como "uma boa menina".

Porque é nos seus olhos que eu olho sempre quando quero dizer que não estou me sentindo bem.

Porque é você quem corre comigo para o médico sempre que eu preciso.

E é você quem me dá os meus remédios nas horas certas ou faz pacientemente os meus curativos.

Porque é você quem cuida da minha alimentação com muito carinho e não me deixa faltar os nutrientes necessários.

É você quem me leva para os passeios mais legais do universo.

É você quem entra na água gelada só pra nadar comigo.
E é você quem sabe os meus limites mesmo antes de mim.
Você sabe perfeitamente tudo aquilo que me agrada. E também o que me deixa entediada.
É você quem sabe lidar com o meu gênio difícil, decidido e determinado (e se identifica nele também...hehehe).
Você sabe exatamente o tom de voz e o momento certo de usá-lo comigo.
Porque é você quem sai em minha defesa, com unhas e dentes, se algo me ameaça.
Porque você me ensina, a cada dia, a ser um ser melhor.
Porque você sempre soube o que era melhor pra mim...e você quer o meu melhor....e me dá o seu melhor.
Porque nós duas somos uma família.
Porque é o seu cheiro que nunca sai da minha memória olfativa.
E é você quem sempre volta com a mala cheia de presentes depois de um período de ausência... Provando que, mesmo distante, eu não saí da sua mente um só instante.
E, depois de dizer tudo isto, não tem como não dizer que você não é a minha mãe.

Cléo

🐾 🐾 🐾

Um mundo inteiro pela frente

A Cléo, desde muito cedo, foi acostumada a me acompanhar aonde quer que eu fosse. Até hoje, se eu vou aos correios, ao banco ou ao supermercado, ela vai comigo e fica quietinha esperando do lado de fora, até que eu volte. Os funcionários e seguranças dos locais já a conhecem e tomam conta dela para mim. Eu também frequento alguns restaurantes e bares que aceitam animais de estimação com seus donos e até já levei a Cléo num shopping.

Mas, o que eu gosto mesmo é de viajar! E, é claro que fazia questão de incluir a Cléo nas minhas viagens.

A primeira vez que ela arrumou as malas foi para uma viagem curtinha, só para dar o gostinho de "patas na estrada". Fomos passar um final de semana na praia de Maresias (SP) e já de cara, ela conheceu o mar. Infelizmente, nessa ocasião, ela não foi muito com a "fuça" dele. Talvez até pelo fato de sermos "marinheiras de primeira viagem", literalmente, eu não tenha preparado adequadamente a introdução dela com as ondas. Algumas marolas mais fortes a assustaram e ela não quis mais saber de se molhar. Um pequeno trauma que, pouco tempo depois, foi superado.

Depois disso, a pequena viajante peluda passou de uma expedição de fim de semana para uma grande mudança: seriam seis meses de residência temporária em Porto Alegre (RS).

Poderíamos ter ido de avião e assim a Cléo já faria o seu primeiro voo. Mas, apesar de ser ainda um filhote, ela era um filhote de Golden Retriever e, pelo limite de peso e regras estabelecidas pelas companhias aéreas, não poderia acompanhar-me na cabine de passageiros. Teria que viajar como Carga Viva e ser transportada em um compartimento adequado para isso.

Esta opção de despachá-la em um porão de avião não me agradava nem um pouco. Por isso, decidi que faríamos a viagem por terra. Devidamente equipada com cinto de segurança próprio para animais e com algumas paradas calculadas para que ela pudesse fazer suas necessidades, beber água ou esticar as patinhas, percorremos o trajeto em dois dias de carro, pernoitando em hotel que aceitava animais. Foi uma viagem cansativa, mas pelo menos a minha peludinha estava ali, junto comigo. E ela aguentou e se comportou super bem.

Durante este tempo em que permanecemos no Sul do Brasil, aproveitamos para conhecer um pouquinho das belezas de cidades vizinhas como Gramado e Canela.

Foi em nossa viagem à cidade de Canela (RS) que a Cléo fez a sua primeira trilha. Visitamos o Parque do Caracol e como o parque estava vazio, resolvi soltá-la e ver qual seria a reação e o comportamento dela. E a minha peluda não me decepcionou. Seguiu do meu lado, obedecendo aos comandos, mas sem esquecer o seu instinto animal e aproveitando para vivenciar ao máximo aquele contato com a natureza. Ela ia um pouco à frente, farejando e sempre atenta como se estivesse se certificando de que não havia perigo para nós. Me deu um baita orgulho ver que a minha cachorra seria mesmo uma grande companheira de todas as horas e, ao mesmo tempo, minha protetora, se necessário fosse. Assim como me deu a sensação de dever cumprido ao ver que eu estava conseguindo fazê-la feliz e transformá-la em uma super companheira de estrada.

Quando voltamos a São Paulo (ah, sim, fizemos a viagem de volta novamente por terra), a minha filhota já se mostrava totalmente apta a se tornar uma verdadeira "Pet Viajante". E, volta e meia, estávamos fazendo as malas, minha e dela. Ela até já percebia a movimentação que antecedia uma viagem e sabia perfeitamente quando a bagagem incluía os seus pertences. Ficava alerta, a postos para o momento da partida.

E, mais uma vez, ela fez a sua mamys ser a mãe mais orgulhosa do mundo quando, durante nossa viagem a Amparo (SP), ela, que até então nunca tinha nadado (e ainda tinha um certo trauma causado por conta das ondas revoltas em nossa viagem à praia), sucumbiu ao seu instinto protetor e simplesmente entrou embaixo de uma cachoeira. Ainda desajeitada, batendo as patinhas descontroladamente, ela teve medo (e isso estava expresso em sua fuça), mas não pensou duas vezes quando viu seus acompanhantes lá no meio de uma piscina natural. Estava tudo bem. A gente só estava se refrescando e até queríamos que ela entrasse e nadasse junto conosco. Mas a minha pequena achou que nós estávamos em apuros e, corajosamente, tentou nos resgatar. A partir daí, virou um "peixinho" e ninguém segura mais essa garota quando ela vê água pela frente!

    Quando fizemos a nossa primeira viagem sozinhas, para a cidade de Visconde de Mauá (RJ), eu tive ainda mais certeza do nosso companheirismo e parceria. Éramos somente eu e ela, numa viagem relativamente longa, para um local onde eu não conhecia nada nem ninguém — e ela preencheu todo o vazio que pudesse existir. Em nenhum momento me senti sozinha ou tive medo. Muito pelo contrário. Ela me bastava.

    Mas, durante esta mesma viagem, eu levei um susto gigantesco e cheguei a pensar que perderia a minha companheira.

    Fazíamos a trilha das Cachoeiras do Alcantilado. Íamos eu, a Cléo e um guia local. A Cléo ia, como de costume, à frente, farejando o caminho, mas, vez ou outra, voltava para perto de mim como se estivesse fazendo uma espécie de conferência — vendo se eu estava bem e dizendo que ela estava bem. A trilha era de dificuldade moderada, com algumas subidas e, pelo percurso, íamos passando por algumas cachoeiras (são nove cachoeiras, no total). As entradas para as quedas d'água nem sempre eram muito visíveis. De repente, chegando à cachoeira de número 4, a Cléo se adiantou em relação a mim e ao guia e, quando nos demos conta, ela estava simplesmente em cima, bem na cabeça da cascata.

    Nós nos olhamos e percebemos que a situação era de risco. As pedras, molhadas, estavam escorregadias demais e ela estava bem na ponta. Eu queria ir lá resgatá-la, mas tive medo de fazer um movimento brusco e acabar assustando-a ainda mais. Sem falar que também havia o risco de eu ir e acabar escorregando. Então, a chamei na minha direção, fazendo com que ela viesse calmamente. Mas a minha pequena escorregou e despencou cachoeira abaixo.

Tudo aconteceu numa fração de segundos, mas pareceu uma eternidade. E eu, ali imóvel, assisti a tudo, impotente. A cena se passou (e ainda se passa) em minha mente de forma lenta. Lembro detalhadamente do seu corpinho escorregando pelas pedras, como se fosse um boneco de pelúcia. E quando ela desapareceu das minhas vistas eu pensei: "Deus, não deixe que eu perca a minha filha!". O guia me segurou e disse para irmos ver lá embaixo. E, quando chegamos lá, a Cléo já estava saindo da água sozinha e subindo novamente ao nosso encontro. Para nossa sorte, a queda d´água não era das grandes e havia um poço que foi o que absorveu o impacto da descida dela. Ela teve somente algumas escoriações e dores musculares por conta das pancadas que levou nas pedras e ficou mancando por uns dias. E eu, com a certeza de que a minha saúde cardíaca estava em dia.

Ficou a lição, para que eu não a deixasse tão à vontade em locais que não conhecemos. É que ela é tão independente e destemida que eu acabo esquecendo que é um ser que precisa de orientação e supervisão constante. E, para ela, também ficou a lição para que não se afaste tanto de mim e não se arrisque demasiadamente no desconhecido. Eu tive muito, muito medo de perdê-la. E mais certeza ainda do quanto ela era importante para mim.

Depois disto, fizemos muitas outras viagens e ainda seguimos pela estrada. Passamos por mais alguns apuros juntas, como da vez em que ela caiu em um rio e não conseguia sair. Eu fui tentar ajudá-la, a terra cedeu e eu acabei caindo também. Mas eu a segurei bem firme até que chegasse alguém para nos ajudar. E, quando chegou, eu disse logo que a prioridade era ela e que eu não sairia dali se não a retirassem primeiro.

Em outra ocasião, quando viramos no nosso bote de *rafting*, apesar de eu ficar ali, submersa por algum tempo, em vez de me desesperar com a minha própria situação, eu só pensava nela e se já a teriam resgatado. E não sosseguei até que a visse em terra firme. Deixei as calças no Rio Juquiá, mas não deixo a cachorra de jeito nenhum.

Estes sustos não nos fizeram parar por aí. Já perdi a conta de quantas cidades visitamos pelo Brasil, especialmente pelo Estado de São Paulo.

Na verdade, nossos horizontes se ampliaram, muito mais do que podíamos imaginar. Agora, nós não só sabemos o que é preciso e necessário para viajarmos juntas, como também ensinamos isso a outros donos de pets que desejam compartilhar as suas andanças com os seu mascotes.

Já fizemos roteiros culturais, ecológicos, de aventuras... A minha mascote se tornou a melhor companheira de andanças que eu poderia encontrar na vida. E vivemos sempre na expectativa de saber onde será a nossa próxima parada (mas não a última).

Conectadas

Imagine se eu vou ficar aqui falando sobre a Linguagem Animal, como os cães se comunicam entre si ou com os humanos, como eles percebem o nosso tom de voz ou a nossa postura. Imagine se vou iniciar uma discussão sobre quantas palavras o vocabulário de um cão pode possuir ou mesmo se os cães possuem vocabulários. Os cães conseguem formar a compreensão de frases?

Não, não vou tentar provar nenhuma teoria ou iniciar uma discussão sobre o tema. Vou falar da minha experiência com a Cléo e de como a gente se comunica. Isso é indiscutível.

E depois de toda aquela adaptação inicial, a cada dia que passava, nosso convívio ia ficando mais intenso e a relação cada vez mais forte. Eu e a Cléo estabelecemos uma comunicação nossa, que ia muito além das palavras.

Eu aprendi, como as mães dos bebês humanos com seus choros, a diferenciar os significados de cada latido ou abanar de rabo da minha filhota canina. E o seu olhar... Ah, quantas coisas pode dizer aquele olhar expressivo!

Ela tem expressões muito fortes e eu sei interpretar até mesmo os movimentos das suas sobrancelhas (eu juro!).

Quer tirar a prova? Toma a bolinha dela e diz que não vai dar. Ou então, repara quando algum outro cachorro pega a bolinha antes dela. Ela faz uma expressão igualzinha a do personagem "Gato de Botas"!

Esta nossa comunicação está provada em algumas situações. Dentre elas, por exemplo, estão todas as vezes que ela me avisou que não estava se sentindo bem. Ela simplesmente senta na minha frente e me olha fixamente, sem nenhuma indicação, gemido, nada. Sempre que ela fez isso, foi certeiro. Ela estava com alguma dor, ferimento ou mesmo algum problema de saúde que necessitasse atendimento veterinário.

O que é muito, muito diferente das vezes em que ela senta na minha frente para me cobrar a sua refeição. Ela sempre foi um reloginho, com alarme que funciona pontualmente nos horários das suas refeições. Se deu o horário do seu almoço, por exemplo, lá está ela sentada me olhando... Mas esse olhar, normalmente, vem acompanhado de um resmungo, como quem diz, "Ei, põe logo a minha comida, que estou morta de fome!" e uma respiração ofegante (que é para o caso do resmungo não chamar a atenção o suficiente). E assim que eu ameaço me movimentar para atender ao pedido, ela já sai enlouquecida em direção ao comedouro.

E o olhar fulminante que ela dá quando vê alguém comendo maçã? Ela ama maçã e, lá em casa, como eu não sou muito chegada nessa fruta, só quem consome as maçãs que eu compro, é ela. Então, se ela vê alguém comendo maçã, ela olha como quem acusa "Epa, essa fruta é minha!". E isso pode acontecer com alguém na rua. Mas se for alguém lá dentro de casa, pior ainda.

O olhar dela pode ser tão coercivo que, certa vez, ela fez o meu próprio pai se levantar do sofá só com uma encarada do tipo: "Caso alguém não tenha te contado, este lado do sofá é onde eu prefiro me deitar. Dá licença?".

Mas não tem olhar melhor e mais gostoso do que os nossos olhares de amor. Sim, muitas vezes eu me pego olhando para ela, embasbacada. Só admirando mesmo e sentindo a felicidade de tê-la ali, saudável, perfeita, pertinho de mim. E, quando ela me pega olhando desse jeito, retribui com um olhar, sem nenhuma intenção, cobrança ou reclamação. É um olhar de gratidão e de amor mútuo.

A gente se comunica tão bem que eu tenho a certeza de que ela sabe direitinho o que me agrada e o que não me deixa nada contente. Mais que isso, a danadinha sabe perfeitamente qual é o meu limite e quando ela consegue me dobrar.

Não fui somente eu que peguei a manha da interpretação. A Cléo também aprendeu rapidamente a interpretar o meu tom de voz, as minhas posturas e até mesmo, a compreender algumas frases. Se eu falar: "Vamos ver o Celo!", ela sabe perfeitamente que estou me referindo ao Marcelo Miranda (adestrador que trabalha com a gente e cuida dela em minha ausência). Se eu falar "Vou ali e já volto", antes mesmo de fechar a porta de casa, ela sabe que, naquele passeio, ela não vai.

Ela também sabe prever o que vem de mim de acordo com a forma que eu pronuncio o seu nome. Se for algum dos milhares de apelidos carinhosos (que ela sabe perfeitamente quais são, um por um), ufa, tudo bem! Agora se chamo pelo nome completo, o rabinho já vai parar entre as pernas e as orelhas caem: lá vem bronca!

Eu tenho tanta certeza de que ela me entende, assim como eu a entendo, que chego a estabelecer verdadeiros diálogos, desabafos, sessões de terapia, enfim... Às vezes, eu me pego contando para ela coisas que nunca contei para ninguém, abrindo o meu coração, expondo as minhas ideias. E ela me olha como se compreendesse tudo o que estou falando. Só não responde verbalmente, porque, infelizmente, os cães ainda não possuem essa capacidade.

Quantas vezes eu já não me peguei falando com ela no meio da rua, durante os nossos passeios? É um tal de "Olha lá, filha, um amiguinho", ou "Não, filha, não come isso que vai te fazer mal e você vai ficar vomitando". E aí, quando eu percebo, tem alguém lá do outro lado me olhando como se eu fosse louca. Louco talvez seja quem não consegue valorizar a chance de se relacionar com um animal!

É um dos relacionamentos mais puros e verdadeiros que alguém pode construir na vida e, muitas vezes, deixa passar batido. Eu, graças a Deus, tive essa chance por diversas vezes na minha vida e consegui aproveitá-las da melhor maneira possível, de acordo com cada momento. E mais, consegui perceber a tempo o valor dessa oportunidade, agora, com a Cléo.

Através de um simples olhar ou da reação dela, eu sei exatamente o que está se passando em sua mente. Se ela concorda ou se discorda de algo, se está curtindo o momento, se está entediada, se está com medo...

E esta nossa comunicação especial rendeu algo inusitado: um Blog escrito a duas mãos e quatro patas.

Pensei que seria uma boa ideia montar um Blog que tivesse as experiências da Cléo, contadas por ela mesma.

Mas, como cachorros (ainda) não sabem escrever, achei que ninguém melhor do que eu mesma para traduzir essas opiniões da Cléo, correto?

    E assim nasceu o Blog da Cléo, onde nós, eu e ela, em mais uma prova da nossa parceria, começamos a compartilhar com os leitores dicas sobre saúde, comportamento, higiene, nutrição e muitos outros assuntos relacionados aos animais de estimação. Mais que isso, o Blog serviria também para registrar o dia a dia da Cléo e isso incluía muitos passeios em parques, praças, visitas a locais onde os pets são bem vindos e, claro, viagens, muitas viagens!

    Porque, desde a primeira viagem que fizemos juntas, percebi que ela seria uma perfeita "Pet Viajante" e que teria muito a dizer sobre as suas experiências. Então, por que não usar o Blog para falar sobre os destinos que ela visitaria, as atividades que faria em cada lugar, os hotéis onde se hospedou junto comigo? Enfim, contarmos tudo o que ela vivenciou e vivenciaria e, claro, se aprovou ou não.

    E assim surgiu o primeiro Blog de viagens brasileiro escrito através da ótica de um cão!

🐾 🐾 🐾

Fala que eu te escuto

A minha mamys é meio tagarela e eu acho que essa minha mania de latir incansavelmente deve ter vindo daí...

Ela fala bastante comigo, a gente conversa pra caramba. Quer dizer, ela conversa e eu tento demonstrar de alguma forma que compreendi a sua mensagem. Às vezes, ela conversa até quando eu tô dormindo. Aí, eu fecho os meus olhinhos para ver se ela para de falar, mas ela continua ali, falando. Eu acho que no fundo, ela sabe que eu não tenho a capacidade de entender, talvez, todo o conteúdo que ela deixa escapar. Mas, no final, a gente se entende, sim.

Aos poucos, eu fui me acostumando com as palavras, fui aprendendo a relacionar essas palavras com o tom de voz dela e com a energia que ela transmite.

Eu sei, por exemplo, que quando ela me chama por apelidos, é porque vai me dar carinho. E eu tenho muitos apelidos carinhosos: "Lôra", "Bebê", "Quekas", "Quekinhas", "Quekitchas", "Quequé"... Vixe, cada hora a minha dona me chama de uma coisa diferente! E eu respondo a todos eles... O que importa é o carinho com que sou chamada e ver o sorriso dela quando eu me aproximo.

Mas quando vem um "Cleópatra", que é o meu primeiro nome... Epa, sinal de alerta! Se vier um "Cleópatra Breezy", que é o meu nome completo, aí pronto, pode ter certeza que aprontei algo!

Às vezes, ela diz algumas palavras no meio de um "blá blá blá" imenso. Crente e abafando que eu tô compreendendo tudo, tudinho. Mas aí, esperta como sou, e para não desapontá-la, já assimilei exatamente a que se refere cada palavra.

Quando ela diz: "blá blá blá passeio", é porque vamos sair juntas para caminhar. Já quando a frase é "blá blá blá papinha", tá na hora de comer. Ou, a que eu mais gosto: "blá blá blá bolinha", significa que o meu objeto favorito está por perto (cadê, cadê?!)...

Se são olhares, energia, posturas, emoções, frases completas ou somente palavras soltas, não importa. O que importa mesmo é que a gente se entende: sempre e muito bem!

Cléo

Sócia de estimação

Finalmente eu consegui retomar a minha carreira profissional. E essa retomada não poderia ser melhor. Eu tive o privilégio (e a grande sacada também) de pensar e colocar em prática um projeto profissional que aliava o que eu sabia, o que eu queria e o que eu gostava de fazer. E mais, o que faltava no mercado!

Sou Turismóloga por formação. Ou seja, a minha formação acadêmica é em Turismo. E, por quase toda a minha vida, trabalhei com a produção e organização de eventos culturais — no Brasil e no Exterior. Mas o meu grande sonho sempre foi me formar em Medicina Veterinária. Com o passar do tempo e as necessidades da vida, isso foi ficando para trás. Segui por caminhos que pensava serem outros, mas que, na verdade, só estavam me preparando para o que estava por vir. O meu maior hobby? Viajar! De preferência para lugares que tenham muita natureza. E essas viagens agora incluíam mais uma passageira... de quatro patas, né?

Mas percebi, nestas minhas primeiras viagens que fiz com a Cléo, que viajar com um animal de estimação no Brasil não era uma tarefa tão fácil assim. Naquela época, não havia nenhuma informação organizada e oficial sobre viagens com animais no país. Poucos hotéis aceitavam pets e os que aceitavam, não divulgavam. Às vezes, nem estavam preparados para isso. Agências de viagens, restaurantes e até mesmo companhias aéreas ignoravam o potencial deste mercado. E que potencial!

Em uma breve pesquisa e alguns bate-papos com outros donos de pets, descobri que este não era um desejo e nem um dilema só meu. Muitas pessoas também adorariam ter o prazer da companhia do seu mascote durante as suas viagens. E estavam dispostos a pagar por isso. Mas... Aonde ir? Como ir? Onde se hospedar? Seria mesmo possível viajar com um animal? Como fazer?

EURECA! Eis aí, uma ótima oportunidade de resolver a minha recolocação no mercado de trabalho, tendo o meu próprio negócio, trabalhando com algo que eu sabia fazer muito bem e que eu amo fazer. E o melhor de tudo, sem ter que abrir mão do tempo que eu passava ao lado da minha filhota. Era a possibilidade de passarmos a maior parte dos dias, de todos os dias, juntas. Nós já fazíamos tudo juntas e eu já não conseguia fazer muitas coisas, que, rotineiramente, fazia sozinha, sem ela. Então, por que não trabalharmos juntas?

Foi pensando na Cléo e priorizando a qualidade da nossa relação (e, consequentemente, da relação de muitos outros pets e donos), que me inspirei para montar a minha empresa, ou melhor, a nossa empresa: a *Turismo 4 Patas*.

Assim, em 2007, estreamos com o primeiro guia *on-line* brasileiro especializado em viagens para pessoas com animais de estimação. Um site com algumas dicas sobre como planejar uma viagem com pets, como escolher o destino adequado ao seu viajante animal, como transportá-lo com segurança, como fazer a bagagem do pet, onde se hospedar etc. Informações que fui aprendendo na leitura de alguns livros e na vivência com a própria Cléo.

Tudo isto foi parar também lá, naquele Blog que montamos anteriormente, o Blog da Cléo (onde a gente achava que iria escrever somente alguns registros do dia a dia da Cléo). Pois é, as pessoas entravam no site, iam parar no Blog e ficavam maravilhadas com as aventuras que a Cléo fazia. Então, passaram a pedir que nós elaborássemos aqueles roteiros adaptados para eles.

E a partir do Blog, a *Turismo 4 Patas* deixou de ser somente um guia *on-line* e passou a formatar roteiros adaptados para grupos de cães e donos.

Junto com a Cléo, eu pesquisava e testava roteiros e atividades que achava que seriam adequadas e divertidas para os pets. E através das reações dela, da forma como ela encarava os desafios, se ela tinha dificuldades ou se ela se divertia, passei a formatar algumas propostas envolvendo atividades de ecoturismo e esportes de aventura para oferecer a grupos de cães e donos.

Montamos roteiros com rafting, boiacross, Stand Up Paddle, passeios de barco, city tours e muitos percursos de trilhas. Tudinho testado pela Cléo para que a gente chegasse ao formato ideal para qualquer cão poder se aventurar com seu dono.

Era tudo muito simples para nós: bastava misturar ingredientes como natureza e liberdade, que os cães adoram, com uma boa dose de profissionalismo, expertise, organização e planejamento, que agrada aos donos. E, claro, o ingrediente que não faltava de jeito algum: o amor. A começar pelo amor que unia a nós duas, trabalhando juntas. Estava pronta a "receita do bolo".

Não, eu nunca planejei ou desenhei nenhuma estratégia para a empresa. Ela simplesmente surgiu e foi acontecendo. Tudo por "culpa" da Cléo.

E hoje eu morro de orgulho ao ver tudo o que construímos e realizamos juntas. Tenho orgulho por ter conseguido colocar em prática uma boa ideia e ter a minha própria empresa, realizando um sonho. Uma empresa pioneira e referência no tema viagens com animais. Um orgulho imenso de saber que o meu trabalho faz a diferença na vida de muitas pessoas que hoje aproveitam melhor a companhia do seu mascote. E na vida de muitos peludos que agora sabem o que é curtir uma vida de cachorro.

Me orgulha ver o sucesso que a minha filhota faz como mascote da nossa empresa. Às vezes, estou nas ruas do bairro ou no parque com ela, e alguém me pergunta: "Esta é a Cléo, da *Turismo 4 Patas*?". Meu coração transborda! Ela foi a inspiração, a cobaia, a parceira e virou a minha sócia.

É claro que eu me orgulho e agradeço a Deus por termos conquistado tudo isto juntas. Mas sabe o que me enche os olhos mesmo? É ter a Cléo como minha filhota; passear com ela todas as manhãs; ter a companhia dela em quase todos os lugares; saber que ela é amada por todos que a rodeiam; vê-la forte, bonita, sadia e feliz; e ser a que ganha muitos "lambeijos" dela.

Sonhando juntas

M inha mamys sempre teve o sonho de trabalhar com animais. Ela sempre amou os bichinhos.

Mas os caminhos da vida lhe deram rumos diferentes: a vida dos humanos é muito complexa. Nem sempre eles conseguem seguir os caminhos que sonharam. Mas, às vezes, em alguns momentos da vida, eles conseguem refazer os caminhos, sonhar novamente, às vezes, com o mesmo sonho e ter a oportunidade de, desta vez, realizá-lo.

Com a minha mamys foi assim. Algum tempo depois, a vida lhe trouxe o mesmo sonho e, dessa vez, a chance de torná-lo realidade.

Imagine, o seu sonho, que era só seu, lá atrás, tornar-se algo tão grande, inovar um mercado, mudar a vida de tantas pessoas e peludos, informar, ensinar, virar inspiração para outros sonhadores... Imaginou? Pois é, para ser bem sincera, nós, na verdade, não tínhamos imaginado que conseguiríamos alcançar tudo isso quando criamos a TURISMO 4 PATAS.

Mas aconteceu, e foi realizando este sonho dela que eu virei uma expert em viagens animais e passamos a trabalhar *juntas. Aí passei a ser especialista em aventuras caninas, blogueira, garota propaganda, celebrapet.*

E que "Vida de Cão" esta minha! Pensam que ser "Cãosultora de Viagens Caninas" é moleza? Pior, acham que trabalhar com a sua dona é o mesmo que não ter chefe? Peludamente enganados!!!

Vejam vocês, sou praticamente "obrigada" a participar de todos estes eventos que envolvem muita diversão, socialização, integração, atividades de aventura, ecoturismo, recreação...ufa!!!! Além disso, estamos constantemente pesquisando lugares e atividades novas. Testamos, experimentamos... A minha mamys se certifica de que será legal e seguro. E eu, claro, sirvo de "cobaia canina"!!! Ô, sacrifício!!!

Existem os dias de rotina no escritório e existem os dias de "visita técnica" (é assim que ela chama os dias em que vamos nos divertir só nós duas, sem os grupos). Eu prefiro chamar de "dias de folia". São os dias em que pegamos o carro e seguimos rumo a algum lugar paradisíaco para fazermos uma trilha, um rafting, um passeio de barco ou conhecer um hotel. Enfim, avaliamos mais uma opção para oferecermos. Vida difícil essa minha, não acham?!

Brincadeiras à parte... Fico muito orgulhosa de fazer parte desta nova chance na vida da minha mamys e, mais importante ainda, desta realização!!! Que orgulho ter contribuído para a realização desse sonho dela, que acabou virando nosso! E que honra ter sido a sua inspiração!

Imagine passar a maior parte dos nossos dias juntas... Viajarmos para vários lugares diferentes. Explorarmos a natureza em parceria. Nos aventurarmos em dupla. Conhecermos hotéis, restaurantes, cidades, sem ela ter que me deixar à sua espera. Escrevermos a quatro patas e duas mãos. E o melhor, compartilharmos este sonho com milhares de outros pets e seus donos, que descobriram, através das nossas experiências e do nosso trabalho, o quão divertido e prazeroso é passar por esses momentos juntos.

Cléo

🐾 🐾 🐾

Geniozinho do cão

Um cão deve ser disciplinado desde pequenininho. Para o bem de todos. De si mesmo e dos que convivem e poderão conviver com ele. Para viver em harmonia com a sociedade, é preciso ensinar a ele, ao menos, os comandos básicos de obediência: "Senta", "Fica", "Deita" "Vem", "Não". Pelo menos isso e uma boa socialização, já são bons caminhos.

É, eu de fato me dediquei bastante ao processo de disciplina e educação da Cléo. Afinal, eu queria uma cachorra que pudesse me acompanhar e conviver bem com o mundo lá fora. Uma cachorra que eu controlasse bem e, claro, que não destruísse a nossa casa. Mas nem tudo correu perfeitamente como esperado. Claro, bobagem a minha achar que eu teria uma cachorrinha 100% obediente. Nem eu fui uma criança tão disciplinada (minha mãe que o diga!). Como eu achava que poderia moldar um animal?

Animais não são programáveis. Eles são seres vivos, com temperamento e personalidade próprios. E a Cléo tem isso elevado ao quadrado.

Desde o começo, ela mostrou que "não veio ao mundo apenas de passagem". Notava-se que tinha uma certa tendência para a liderança, ou que, pelo menos, não costumava "ficar por baixo". Não mesmo.

E, à medida que eu fui apresentando-a ao mundo (e o mundo a ela), durante o convívio com outras pessoas e outros animais, fui percebendo isto, nem sempre da maneira mais agradável.

Na socialização com outros cães, ela nunca me desapontou. Sempre foi uma cachorrinha civilizada e social. Ok, nem sempre vai com a fuça alheia. É normal. Nós humanos também não simpatizamos com todos, né? Mas, exceto uma rusguinha ou outra, — e uma briga por uma falha na comunicação entre ela e um PitBull (e o pobre Pit saiu com a cara toda arranhada) — ela se relaciona muito bem com outros da sua espécie.

Pois é, o meu maior desafio é domar o gênio da Cléo. A bichinha tem personalidade forte e definida. É tinhosa. Persistente. Quando ela quer uma coisa, é bem difícil convencê-la do contrário. Ela insiste, tenta disfarçar, espera que se esqueça para ela ir lá tentar outra vez... Às vezes, tenta ganhar no grito. Ou melhor, no latido. E, nisso, ela é quase imbatível!

A Cléo late. Late porque quer, late porque não quer, late por birra, late por se sentir contrariada, late porque está na frente, late porque está atrás... Ela simplesmente não consegue ficar calada. E às vezes, é bem irritante. Já tentei de tudo. Desde o comando de voz mesmo (que não é páreo para o latido dela) a aparelhos antilatido. Nada dá certo. Essa eu fiquei devendo.

Não sei a quem puxou, pois não tive convivência com seus pais caninos. Mas bem que dizem por aí (e me dizem muito!) que "o cão é o espelho do dono"... Será?

Cléo, Minha Eterna Cãopanheira

O fato é que ela tem mesmo um gênio forte. Em algumas situações, ela é praticamente incontrolável. Se colocar uma bolinha na jogada, aí, a cachorra surta! E olha que, quando era filhote, ela nem dava muita, digamos, bola pra bolas. Ela gostava mesmo era de brincar com os amiguinhos, rolar na grama... Mas aí, eu via aqueles Goldens nos parques, exercendo a sua natural função de Retriever (do verbo *retrieve* — buscar, resgatar) e achava lindo. E lá fui eu ensinar a Cléo a arte de buscar e trazer. No início era um dadinho de borracha que quicava desgovernadamente e a deixava louca. Depois, não lembro que fim se deu a esse dado, passamos para a bolinha. Resultado: ela não somente amou a brincadeira, como se transformou numa verdadeira viciada em bolinhas!

Ficou totalmente adicta. Daqueles viciados que até se tremem quando veem a fonte do seu vício. E ela nem precisa ver! Basta falar a palavra "bolinha" e isso já ativa o modo "surtado" dela. Já cansei de passar por situações constrangedoras como, por exemplo, ela escolher aleatoriamente alguma pessoa que ela nunca viu na vida para ser seu lançador oficial de bolinhas e aí ela vai lá, deposita a bola aos pés da pessoa e fica esperando. Muitas vezes, olha fixamente para a pessoa, enquanto em outras, dá um latido potente para chamar a sua atenção. Algumas pessoas, que não percebem a presença dela, chegam a levar sustos. Ou ainda, quando ela cisma que, dentro de alguma bolsa ou mochila tem uma bolinha e vai lá e abre a bolsa, com zíper e tudo! Mas, como explicar para ela que nem todo mundo gosta de brincar de bolinhas? Ou que nem todo compartimento esconde uma mina de bolinhas? Mas ela insiste, não aceita "não" como resposta.

A sua primeira bolinha foi uma cor de laranja que ela furou. Entretanto, ela não queria abrir mão dela de jeito nenhum. Ficou conhecida como a "bolinha-murcha-laranja" da Cléo e chegou a durar bastante. Tempo suficiente para começar a soltar os pedaços a cada vez que era lançada. Até que um dia, foi lançada involuntariamente pela Cléo em um rio, no meio de um percurso de rafting. E lá ficou.

As manias da Cléo não param por aí. A peluda também se tornou amante das atividades aquáticas. Quem diria que, aquela cachorrinha que chegou a ficar com trauma das ondas do mar e entrou debaixo de uma cachoeira só por um impulso protetor, seria amante do "splash"? Pois é, seja em um lago, um rio ou uma cachoeira, ela enlouquece. Sua vontade é de se jogar — e se joga mesmo, de onde estiver! No quesito, água, pelo menos, eu consegui deixá-la longe das piscinas. Nunca incentivei porque sabia que, se minha intenção seria viajar com ela, isso poderia me trazer problemas com os hotéis e pousadas. Particularmente, ela também nunca fez questão. Seu negócio é com a própria natureza, mesmo.

Mas quando a combinação é água + bolinha... ahhh, aí é explosivo! Dificilmente alguém a segura!

Certa vez, estávamos em um grupo e, chegando ao local de um passeio, numa cidade do interior de São Paulo, paramos o carro em frente a uma cachoeira. Parte do grupo, incluindo a Cléo, estava na carroceria do jipe. E assim que o carro parou, em um milésimo de segundo, a Cléo simplesmente enlouqueceu e pulou da carroceria, disparando em direção à queda d´água.

Eu, como já conheço a figura, tinha certeza de que ela fez aquilo para testar... Meio que arriscou: "Vai que cola e consigo dar um 'tchibum' antes de todo mundo?". Mas, no fundo, no fundo, ela estava esperando pelo meu grito. Normalmente, em cerca de 98% das vezes, dá certo. Eu grito e ela interrompe a tentativa, me obedecendo. Expressivamente contrariada, é verdade. Mas obedece. Obedece, não, cede. Bom, isso se ela não chegar muito perto do objetivo, né? Porque aí, às vezes, a tentação é bem grande!

Bom, no meio do acontecimento, uma pessoa falou: "Nossa, achei que a Cléo fosse educada!".

Oi?!

Não, ela não é uma amostra exemplar. Não é perfeita. Na verdade, eu não sou perfeita e, portanto, não consegui pegar todo o meu aprendizado adquirido sobre comportamento animal e aplicá-lo à perfeição. Costumo dizer que fiz o curso de adestramento, mas, no final, percebi que se fosse trabalhar como adestradora profissional, seria um fiasco. Os cães é que iriam me adestrar. O curso ficou como bagagem para ser utilizado em algumas situações do meu trabalho. Mas, na aplicação com a Cléo...

Pois bem, não, a Cléo não é um robozinho! É educada, sim, obedece, sabe bem os comandos básicos e sabe (melhor ainda) até onde pode ou não pode ir. O que pode ou não pode fazer. Como pode ou não pode se comportar. Mais que isso: ela sabe perfeitamente o que agrada e o que deixa a dona dela furiosa.

Ah, antes que eu me esqueça, não, ela não pulou na cachoeira. No último minuto, ela atendeu ao meu chamado (contrariada, mas educadamente). Porque, com ela, não poderia ser diferente.

A Cléo tem mesmo um espírito próprio. E o espírito dela é aventureiro. Ela é a cachorra mais aventureira que eu conheço. Porque ela sabe se aventurar! Ela não faz grandes números nem é a cachorra mais viajada, nem a que surfa. Mas é a que mais se realizada na função de pet aventureira e consultora de aventuras caninas. Quando ela está em meio a natureza, sabe como ninguém desfrutar disso.

O negócio dela não é participar de eventos fechados ou atividades que a mantenham presa. Sempre que eu vou a esse tipo de compromisso e não levo a Cléo, as pessoas me perguntam por ela. E eu respondo: "A Cléo é selvagem. Não curte esse tipo de programa". É a mais pura verdade.

Uma vez a levei a uma festa de "cãosamento" (isso mesmo, casamento de cães) promovido por um pet shop. O lugar fechado, lotado de cachorros, humanos agitadíssimos... E ainda a convidaram para ser a madrinha e ela teria que vestir um acessório que prepararam. Claro que não deu lá muito certo, né?!

Ela gosta é de estar livre e solta, correndo destrambelhadamente atrás da sua bola, pulando na água e sacudindo a sua cauda para respingar em todo mundo a sua volta.

E por falar em destrambelhada, aqui vai uma ocasião em que ela reverte todos os prognósticos. A sua doçura e sensibilidade se mostram numa sutileza absurda quando está lidando com crianças, que ela adora. Ela não pode ver um carrinho de bebê que logo quer ir lá fuçar o serzinho. No lançamento de bolinhas, por exemplo, se for com uma pessoa adulta, normalmente ela quase lhe arranca os dedos se a pessoa demorar para jogar. Agora, quando o lançador é criança, ela espera com toda a força do autocontrole que pode convocar. Fica ali, tremendo, mas imóvel até que o seu amiguinho consiga jogar a bola.

Daquelas características que são associadas ao Golden Retriever, a Cléo contradiz poucas. Uma delas é a de que não é uma raça que faça muito barulho. A outra é de que eles são 100% dedicados a satisfazerem aos donos (isso não é totalmente verdade com a Cléo). Ela também leva em consideração as vontades dela.

Ela tem opinião e sabe o que quer. É capaz de fazer o possível e, às vezes, o impossível para alcançar seus objetivos. Ela não se entrega facilmente. Não se deixa domar. Pode até assentir, concordar, se submeter. Mas deixa bem clara a sua posição. E a sua insatisfação, quando acontece. Se impõe, se preciso for, e sem necessariamente precisar de força bruta. Marca muito bem seu território e garante que não invadam o seu espaço. Defende seus tesouros, sejam eles os seus seres queridos ou bens preciosos.

Já a inteligência (é a quarta raça no ranking de inteligência para obediência), a capacidade de memorizar, a doçura, o companheirismo e a loucura por água, estão mesmo entranhados no sangue Retriever da minha filhota.

Versátil, o Golden adapta-se perfeitamente ao estilo de vida do dono, até mesmo em locais pequenos. E, quando está em casa, procura sempre a proximidade dos familiares.

Acho que eu não poderia ter escolhido uma companheira com temperamento que melhor combinasse comigo, né?

🐾 🐾 🐾

Não vale a pena olhar para trás

Num dos momentos mais difíceis da minha vida, eu descobri que a Cléo, que sempre teve extrema importância para mim, era muito mais do que eu pensava.

Quando a adquiri, eu era casada. Mas, de fato, a Cléo sempre foi muito mais minha do que dele. É claro que havia uma relação entre os dois. Ela o adorava. Mas quem estava ali, sempre com ela, cuidando, dando comida, levando para passear, ao veterinário quando fosse preciso, vivendo o dia a dia dela, era eu. A nossa relação não se comparava com nenhuma outra que ela tivesse. Tanto que, quando veio a separação, nem se cogitou discutir com quem ela ficaria. Ela era minha e ponto!

No meio daquele turbilhão de coisas, além de toda a minha dor, tristeza, dúvidas e temores, eu ainda tinha uma preocupação a mais: como ficaria a Cléo? Como ficaria a cabecinha dela? Ela iria se acostumar com a nova rotina? Iria sentir falta do dono?

E a minha filhota, mais uma vez, me surpreendeu.

É incrível a capacidade que os cães têm de se refazerem, se readaptarem, de seguir adiante como se não houvesse passado. Para eles, o passado passou e cai, não, despenca no esquecimento canino. Eles são insuperáveis na arte de "tocar a bola", "passar adiante", *"let it go"*. Foco no agora e no que está por vir.

Eu não sei explicar como se deu... Mas houve uma mudança sutil, porém marcante na postura da Cléo. De repente, em nossa nova fase que, para ela, já começou ali no dia seguinte, ela assumiu uma posição protetora e ainda mais companheira. Parecia até mais tranquila, serena... Parecia querer transmitir essa serenidade para mim e me dar uma segurança de que tudo se resolveria e nós íamos conseguir superar essa juntas.

Eu tenho a minha família, que é o alicerce de toda a minha vida e que foi, indiscutivelmente, essencial durante todo o meu processo de separação e de reestruturação de vida. A força que eles me deram é incalculável. Sim, também tenho muitos amigos queridos que, naquele momento, estiveram do meu lado e praticamente se juntaram para fazer um verdadeiro "ninho" de proteção e carinho. Mas, no final das contas, cada um tem a sua vida, seus afazeres, seu canto e não podiam parar tudo para cuidar de mim. A minha família mora em outra cidade e os meus amigos tinham que cuidar da vida deles.

Então, a única que estava ali, 24 horas do meu lado, era a Cléo.

Ela me mostrou que, a qualquer momento em que eu precisasse, ela estaria ali, inteira, totalmente dedicada a mim. A sua companhia era constante e ela não saía de perto de mim, nem por um minuto. Às vezes, permanecia calada, quietinha, só me olhando. Outras vezes, tirava as suas sonecas e seu ronco me lembrava de que ela esta-

Cléo, Minha Eterna Cãopanheira

va ali, ao meu lado. Eu acordava e ela estava ali, sentada à minha frente com cara de quem queria dizer "Levante-se, pois eu preciso passear!".

Mas não era somente isso. Eram os olhares. Era no olhar dela que eu encontrava, a qualquer momento em que a tristeza tentasse tomar conta de mim, a alegria de viver. Era no olhar dela, quando eu tinha rompantes de raiva ou revolta, que eu encontrava paz. Era no olhar dela que me chamava à razão, quando passava pelo meu pensamento o desejo de desistir de tudo, inclusive de mim mesma. Mas eu não poderia fazer isso. Se não por mim, que eu continuasse lutando por ela. Porque o olhar dela, que é demasiadamente expressivo, me repetia, incansavelmente, que tudo aquilo ia passar e que eu não estava sozinha.

Era um riso que parecia surgir na fuça e que me dizia "Mamys, tudo vai ficar bem! E eu estou aqui, ao seu lado." Eram as lambidas que enxugavam as minhas lágrimas como se dissessem "Não chore mais. Olhe para mim e verá que tem muitos mais motivos para sorrir".

A Cléo me fez perceber que os cães são os reis do otimismo. Foi isso o que ela me ensinou, naquele momento: a acreditar que, no final, tudo se resolve. E que o que passou já foi vivido, da maneira que dava para ser. E se ficarmos lamentando e pensando no passado, acabamos perdendo a oportunidade de viver melhor o presente e nos prepararmos para desfrutar um belo futuro.

É isto mesmo! Eu tinha que acreditar nisto, por ela. Por ela, eu não me deixei derrubar. Eu me levantava todas as manhãs, focada apenas no presente. Um momento por vez. E assim começava o meu dia... Porque, se não fosse por ela, talvez eu ficasse ali, deitada, chorando, pensando, me lamentando por não sei quanto tempo, por causa de um passado.

Por ela e inspirada nela, eu continuei tentando me dedicar ao trabalho. Eu tinha que continuar! Eu tinha a responsabilidade de construir um futuro para nós duas! Já pensou como seria a vida da Cléo se não houvesse mais aventuras da *Turismo 4 Patas*? Se não houvesse mais viagens? Se não houvesse mais trilhas? Se não houvesse mais laguinhos para ela pular e pegar a bolinha? E como seria a vida da Cléo se ela não tivesse mais a mamys feliz e dedicada dela?

Não! Eu não tinha o direito de fazer a minha grande companheira infeliz! Eu devia a ela, por todo companheirismo, por toda parceria, por toda dedicação e, principalmente, por todo amor que ela sempre me deu. Eu devia a ela, a continuidade. Eu devia a ela, a preservação da sua alegria. E isso só seria possível, se eu não deixasse de ser quem eu era.

Sim, tudo ficaria bem e daria certo. E ficou! E deu! Passamos pela tempestade juntas. E só nós duas sabemos as trovoadas e ventanias que enfrentamos. Mas passamos. A capacidade impressionante com que a Cléo rapidamente se adaptou à nossa nova vida, à nossa nova rotina e, principalmente, à nova formação da nossa família, sem deixar transparecer nenhuma falta de qualquer ausência, me deu uma força incrível para perceber que, se ela conseguiu passar adiante, eu também conseguiria. Ela me mostrou que, até poderia não ser fácil, mas também não era impossível. Nossa relação se estreitou ainda mais. Fomos vivendo um dia por vez, um após o outro e, quando eu vi, o passado parecia nunca ter existido. Era como se tivéssemos sido sempre assim, só nós... E o futuro que já se iniciava nos reservava muita coisa boa. Coisas melhores estavam por vir, com certeza! Ela acreditava e me fez acreditar também.

As simples lições que ela me deu

Persistência, tolerância, resistência, respeito, paciência... Valorizar-se e ser feliz. Olha só quantas lições! E todas elas vindas de um simples animal, não é mesmo?

O mais engraçado é acharmos que nós, humanos, é que ensinamos algo aos cães. Quando, na verdade, somos nós quem mais aprendemos. Sábios, de verdade, são eles.

Com um cão, você aprende, no mínimo, a sentir melhor os sabores da vida. Mas também é preciso uma dose de sabedoria para perceber isso e tirar proveito.

Eu consegui perceber. E, com a Cléo, aprendi muitas coisas.

A primeira delas é saber ser paciente. Não que ela seja uma cachorrinha paciente. Muito pelo contrário: a ansiedade passou ali, naquele monte de pelos, e fez morada. Especialmente quando são situações que envolvam água e bolinha — normalmente, uma combinação explosiva, como já disse! Mas, com ela, eu aprendi que nem tudo pode ser do jeito e na hora que eu quero.

Um cão sabe esperar. Ele não tem a mesma noção e neurose de tempo como nós, humanos. Para o cão, o passado já passou... Ficou para trás e foi vivido da maneira que era para ser, como deu para ser. O futuro ainda está por vir... Então, para que perder tempo pensando nele?

Os cães vivem o presente. E um segundo desse presente, pode significar uma eternidade de felicidade. Por isso, todos os segundos devem ser aproveitados da melhor forma possível. É isso que um cão ensina: que o tempo é a maior riqueza que nós temos e que devemos aproveitar ao máximo. Mas com muita paciência... Porque tudo acontece no tempo certo e nós nunca sabemos como pode ser. Pode ser agora.

Aprendi também a respeitar a vontade e o espaço do outro ser: ELA.

Com um cão, a gente aprende a ter mais responsabilidade. Nós temos um ser dependente de nós, para tudo. E somos responsáveis também pelas atitudes e comportamentos deles. Por isso devemos educá-los e impor limites, discipliná-los.

A Cléo me ensinou, ainda, a desfrutar dos pequenos prazeres que a vida pode nos oferecer e que às vezes, não valorizamos; dos momentos simples do dia a dia que podem nos passar despercebidos (desde um mergulho numa cachoeira a um cochilo num gramado). E como podemos ser tão felizes com uma bolinha quicando? Eu nunca tinha percebido isso!

E uma das maiores lições que a Cléo me deu foi a de que eu posso ser feliz e a minha felicidade tem que depender primeiro de mim mesma. Que a gente tem que assumir a responsabilidade pela nossa felicidade.

Repare como os cães são felizes por si só! Para eles, basta um pouco de liberdade, um gramado, uma poça de lama, um laguinho para nadar, uma bolinha... ou mesmo, um petisco. E eles já ficam felizes da vida.

O cão não precisa de fama, de dinheiro, de sucesso, de bajulações, de status... Essas coisas que nós, humanos, vivemos correndo atrás e, muitas vezes, pisando e magoando os outros, para conseguir. Os cães só precisam deles mesmos... E, algumas vezes, do seu dono. Dependendo do dono, claro.

E esta foi mais uma grande lição que a Cléo me deu. A de que eu deveria pensar mais na minha felicidade. Porque, se eu fosse feliz e realizada, eu conseguiria fazer os outros, à minha volta, felizes e realizados também. Assim é com ela. Sempre alegre, sempre disposta a brincar, sempre disposta a fazer companhia. E dessa forma, ela me faz feliz e faz feliz a todos à sua volta... Todos que se contagiam com a alegria de viver que ela transmite.

🐾 🐾 🐾

As articulações da vida

Nem preciso dizer o quanto eu e a minha dona somos unidas, né? Ela me conhece, às vezes, mais do que eu mesma. Sabe de cor e salteado a mensagem de cada olhar meu, o que eu quero dizer com cada tom de latido, os sinais do balançar do meu rabo, enfim...

No final do ano passado, minha dona notou que eu caminhava diferente. Parecia mais cansada, mancava de uma das patas traseiras. Imediatamente fomos visitar o meu veterinário de confiança. Ele me examinou, puxou daqui, esticou dali e não detectou nenhum tipo de fratura ou torção na minha patinha. Mas, de qualquer forma, fui medicada e fiquei de repouso (ah, tá, eu, de repouso?!) uns dois dias... Melhorei!!!

Eba, agora já podia voltar à vida normal, cheia de atividades e muito movimento! Mas, agora, era a outra patinha (também dianteira) que me incomodava: lá estava eu mancando novamente.

Voltamos a visitar o veterinário e, desta vez, acharam melhor fazermos alguns exames mais específicos. Meu diagnóstico era uma Osteoartrose com Displasia Coxofemural.

A tão temida Displasia, que já assustava a minha dona desde quando eu ainda era uma bolinha de pelos e que assusta muitos outros donos de pets, nos atingiu. Ela, a Displasia, e mais alguns probleminhas que se distribuíram no meu quadril, na minha coluna vertebral, no meu coxal e em meus membros pélvicos, exigiram uma mudança radical em nossa rotina e em nosso ritmo de vida.

Na parte nutricional, além de algumas mudanças na alimentação, agora também faço uso de suplementos que ajudam na recomposição articular. Também tenho mais cuidado com a oscilação de peso. Faço sessões de acupuntura e de ozonioterapia para aliviar as dores e retardar o avanço da doença.

É, eu não posso mais correr com a minha mamys os cinco quilômetros que corríamos no Parque do Ibirapuera, em São Paulo. Também já não consigo pular no banco de trás do carro, como fazia antes — preciso de uma ajudinha. E correr atrás da minha amada bolinha, tem que ser por tempo limitado. Mas, de resto, continuo me aventurando normalmente.

É claro que continuo super ativa, afinal, sou uma pet aventureira! Mas é preciso ser consciente das minhas limitações. Sempre fui extremamente impulsiva (me jogo mesmo, seja de onde for), geniosa (quero ir e vou!), rude (adooooro uma troca de safanões e cabeçadas eheheh), estabanada (sai da frente que eu atropelo), desesperada (é minha, é minha, deixa que eu pego!!!). E, muitas vezes, esses comportamentos geram movimentos bruscos que podem sobrecarregar o nosso corpo e exigir demais das nossas articulações. Foi isso o que aconteceu. Não foi genético (como a maioria dos casos), não foi por deficiência nutricional, não foi por excesso de peso,

Cléo, Minha Eterna Cãopanheira

não foi por falta de exercícios (ôooh, isso não foi mesmo!!!), nem foi por falta de cuidados (mamys, eu sei que você sempre me deu o seu melhor carinho e a sua melhor atenção!) Foi porque tinha que ser... Foi porque eu aproveitei e aproveito ao máximo, da minha maneira, o melhor que a vida me ofereceu, sem perder um só segundo, sem ter motivos para me arrepender de não ter feito...

Eu vivi e vou continuar vivendo todas as emoções que a minha vida de aventureira me trouxer, enquanto eu puder fazer com qualidade. É claro que terei que amenizar a minha impulsividade, evitar um pouco as explosões, aprender a hora de parar... Mas não vou deixar de viver! E conto com uma dona que me cerca de carinho, que está sempre atenta aos meus sinais, que está aprendendo a ser firme para me dizer "já chega" quando é preciso, que se dispõe a todos os cuidados que necessito... E, assim, seguiremos, juntas, "articuladas", como sempre... Porque o tempo pode até me limitar, mas não há "articulação" no mundo que tire a minha alegria de viver.

Cléo

🐾 🐾 🐾

Dupla de sorte

Sabe aquela história de que, para cada pessoa, existe alguém pré-destinado? Uma alma gêmea, a sua cara-metade, a tampa da panela, enfim... Não sei se isso é mesmo verdade. Talvez seja. Mas o que eu acredito mesmo é que, para cada pessoa, existe um animal que está prontinho e esperando a hora de fazer essa pessoa feliz. Aquele animal que seja um cachorro, gato, periquito ou qualquer outro, que vai preencher a sua vida, te completar, te ensinar...

Eu tenho a certeza de que a Cléo é o animal que foi destinado a mim. Em algum momento da minha vida, ela teria que vir para mim. E eu para ela. Porque, com ela, tudo ganha muito mais sentido. As manhãs são mais ensolaradas, as viagens têm mais graça...

Quantas vezes perdi a vontade de sair ou fazer algo, porque ela não poderia me acompanhar? Quantas coisas perderam o gosto ou o sentido quando eu não tinha a companhia dela? Quantos acontecimentos não tiveram a menor graça porque ela não estava ali do meu lado, compartilhando?

Fazer trilha sem a Cléo? Mas por que faria? Nem me lembro mais como era a minha vida antes dela! Como eu conseguia dormir sem dar um "Boa noite, minha Lôra"?!

Assim como eu, cheia de manias, que fomos aprendendo a lidar. A sua mania de sentar na minha frente depois de comer e arrotar na minha cara. Ou a mania esquisita de preferir fazer cocô em cima da guia da calçada. Ali, bem na pontinha. Ou ainda, mania de dormir com as patas para o alto e encostada na parede — deixando as marcas da sujeira. Paranoia com bolinhas, latidos em excesso...Com o passar do tempo, nada disso tinha importância diante do que ela significava para mim.

Pois é, o tempo foi passando e a minha peluda chegou à meia idade. Virou uma senhora — uma jovem senhora, temos que admitir.

E, com a idade, algumas coisas mudaram... A energia diminuiu um pouquinho, a resistência não é mais a mesma, é preciso poupá-la um pouco, pois, até mesmo por causa dos problemas articulatórios, a capacidade física fica um pouco limitada e grandes esforços podem trazer complicações e dores. O corpo sente e alguns limites devem ser estabelecidos... E respeitados.

A paciência também já não é a mesma. Não que ela tenha sido muito paciente na juventude, mas está ficando uma velhinha rabugenta e resmungona. Ela quer dar bronca em todos os cachorros e resmunga (faz barulho de resmungo de verdade!) quando algo que deseja não é atendido.

No fundo, ela ainda tem a alma espoleta. Na sua essência, continua uma moleca, sempre disposta a uma aventura. E ainda dá um bom caldo de aventura! Basta me ver preparando as coisas, colocando a minha roupa de trilha e já se põe a postos. Sua fixação por bolinhas segue na mesma intensidade e não tem quem a convença de que ela não pode mais pular de onde bem entender para alcançar a bola jogada.

Eu espero ter cumprido e continuar cumprindo bem o meu papel de ser uma verdadeira mamys para ela. E que eu ainda possa proporcionar-lhe muitos anos de aventuras, de brincadeiras com bolinhas, de viagens com qualidade e segurança. Porque ela, sem dúvidas, foi muito além do seu papel de animal de estimação e me ensinou como desfrutar melhor as coisas e os momentos bons e importantes da vida... Ela me mostrou o que é ter sabedoria, maturidade e experiência.

Que eu tenha conseguido lhe retribuir pelo menos uma parte de todo amor que ela sempre me deu. Apesar de eu achar que isso seja bem difícil de conseguir. Porque descobri que a função mais importante do animal de estimação é amar incondicionalmente. E o ser humano, infelizmente, ainda tem muito o que aprender sobre isso.

Às vezes, me pego observando o seu focinho cor-de--rosa (em decorrência de uma despigmentação que ela teve desde novinha), que simula o formato de um coração, e à sua volta quase que tomado por pelos brancos. Um filminho da sua vida, ou melhor, da minha vida ao seu lado, passa em minha mente. Parece que foi ontem. E, ao mesmo tempo, parece que foi por toda uma vida. Como se ela sempre tivesse existido. E me pergunto por que não pode ficar para sempre. Nenhum outro animal jamais a substituirá, isso é certo!

É, tenho que confessar que já sofro antecipadamente só de pensar no dia em que ela se for. Quando eu terei que seguir adiante sem ela. Não consigo, por mais que eu tente, imaginar a graça que terá a minha vida, os meus dias, o meu trabalho...

Mas eu sei que ela não será eterna e que outro animal poderá fazer dos meus dias menos solitários e minimizar a dor e a saudade que sentirei. Ela não gostará de me ver triste. Nunca gostou.

Este amor puro, infinito e verdadeiro que ela me ensinou a sentir, não deve ser desperdiçado e sim, transmitido a um novo ser merecedor.

Uma vez, li em um livro (o qual não me lembro do título), um trecho que falava sobre um menino de quatro anos que havia perdido o seu cão, vítima de câncer. Os pais do menino se perguntaram por que a vida dos cachorros é mais curta do que a dos seres humanos. E o menino, sabiamente, respondeu: "As pessoas nascem para aprender a ter uma boa vida, a amar todo mundo, o tempo todo, e a serem boas. Os cães já nascem sabendo como fazer isso, portanto não precisam viver tanto tempo".

Pois é, a Cléo já nasceu cheia desta sabedoria e eu tenho o privilégio de conviver com ela. E ela também não ficou no prejuízo, pois acho que tenho conseguido proporcionar a ela uma verdadeira "vida de cão", que faz muito peludo se morder de inveja por aí.

Não importa quanto tempo ainda teremos juntas. O que importa é o que já vivemos até aqui. A nossa história, os capítulos que já escrevemos e os que ainda iremos escrever. Se já houve outros elementos ou se virão a existir... O que importa é que somos e sempre fomos, nós duas, uma verdadeira dupla... uma dupla de muita sorte!

PAUSA (porque ainda não chegamos ao fim)

🐾 🐾 🐾